P. TROLARD,

Ex-Conseiller Général.

En Algérie

Le Testament

d'un Assimilateur

Prix : 60 centimes

ALGER

IMPRIMERIE-PAPETERIE J. TORRENT, 57 RUE D'ISLY, 57

1903

P. TROLARD,

Ex-Conseiller Général.

En Algérie

Le Testament
d'un Assimilateur

ALGER

IMPRIMERIE-PAPETERIE J. TORRENT, 57 RUE D'ISLY, 57

1903

Un journal d'Alger ayant, l'année dernière, pris à partie l'Assimilation, je lui adressai, en faveur de ce régime, quelques mots qu'il fit précéder plaisamment du titre de « Testament d'un Assimilateur ».

Comme ce titre ne s'adaptait guère au texte placé au-dessous, je le retins, me proposant de le faire suivre, quand l'occasion s'en présenterait, d'un texte cette fois en harmonie avec lui et suffisamment explicite.

L'occasion, je l'ai vue dans le mouvement d'attention qui a suivi les derniers débats de la Chambre sur les Tribunaux répressifs indigènes : j'ai mis dès lors mon intention à exécution, et si cette brochure n'a pas vu le jour plus tôt, c'est que j'en ai retardé la publication, afin de ne pas être accusé d'avoir voulu apporter une note discordante dans le concert des fêtes présidentielles.

Puisse-t-elle, sans encombre, doubler le cap des tempêtes !

P. TROLARD.

Le Testament d'un Assimilateur

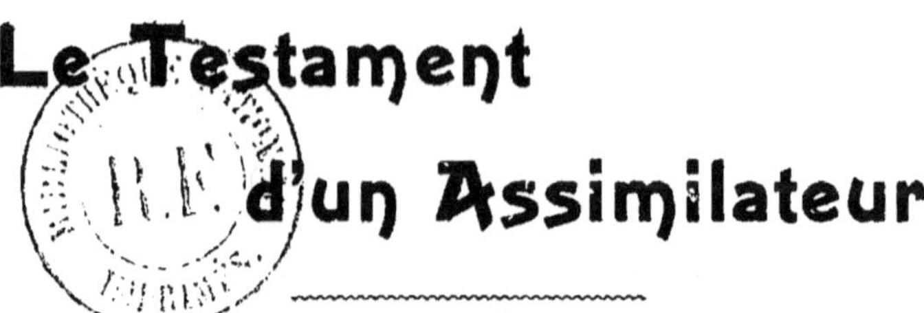

Les Arguments des Assimilateurs

Avec les de Tocqueville, les Lamoricière, les Cavaignac, les Niel, les Jérôme Napoléon, les Chasseloup-Laubat, les Armand Béhic, les Randon, les Jules Duval, les Bertholon, les Lehon, les Crémieux, les Warnier, les Alexis Lambert, les Chanzy, nous sommes assimilateur. Avec eux, nous n'avons cessé de demander le Droit Commun pour l'Algérie, sous la réserve, bien entendu, que l'on apporterait à l'Assimilation les tempéraments qu'exige un pays neuf et qui rencontre dans son développement des conditions particulièrement difficiles.

La conception des assimilateurs repose sur un raisonnement qui manque d'envergure, nous le reconnaissons, mais qui peut être solide cependant, malgré ce défaut. L'Algérie, ont-ils dit dès leurs premières déclarations, est trop près du continent européen pour ne pas exciter les convoitises d'une ou plusieurs puissances étrangères, lorsque le fruit sera mûr, lorsqu'on aura englouti dans ce pays suffisamment d'hommes et d'argent pour que l'on n'ait plus qu'à se coucher dans le lit préparé par la France. Qu'à ce moment celle-ci ait les mains occupées ailleurs ou qu'elle soit malheureuse dans une nouvelle guerre, l'Algérie lui échappera, si elle n'est pas habitée par une population résolûment attachée à la Mère Patrie et assez forte pour inspirer le respect et au besoin pour repousser une invasion. Si l'on veut qu'il en soit ainsi, il faut attirer en Algérie le plus possible de Français et si l'on veut que nos concitoyens de la Métropole répondent à notre appel, il faut leur conserver des droits dont ils se montrent, avec tant de raison, jaloux au plus haut point ; il faut leur donner des institutions ayant toutes garanties de stabilité ; il faut, en un mot, qu'en venant ici ils retrouvent leur patrie,

« leur patrie tout entière », (*de Chasseloup-Laubat*). Leur refuser, sous prétexte qu'ils ne sont pas en assez grand nombre au milieu des autres populations algériennes, les droits et les garanties dont ils jouissaient avant d'avoir franchi la Méditerranée, c'est vouloir enfermer dans un cercle vicieux la solution du problème du peuplement par les Français, puisque c'est précisément cette absence de garanties et de droits qui les éloigne de l'Algérie.

Lorsque plus tard, les assimilateurs, effrayés de la mentalité particulière qu'ils avaient remarquée chez les jeunes générations, la dénoncèrent en en spécifiant l'origine, ils crurent que devant un symptôme aussi grave les pouvoirs publics s'alarmeraient et supprimeraient immédiatement un régime capable de donner naissance à cette mentalité. Il n'en fut rien. En fait de grandes résolutions, on proposa d'envoyer nos jeunes gens accomplir leur service militaire de l'autre côté de la Méditerranée, la caserne et l'estaminet de la Métropole devant infailliblement les transformer en l'espace d'un an. Quant aux étudiants des Ecoles Supérieures, il fut aussi question de leur imposer un stage obligatoire dans les Facultés métropolitaines ; là, si besoin avait été, on leur aurait donné des leçons et même des répétitions de patriotisme. Les uns et les autres auraient été assez solidement guéris pour, à leur retour ici, pouvoir impunément respirer les pestilences du marais qui avait empoisonné leur prime jeunesse. Les assimilateurs estimèrent qu'il valait mieux dessécher de suite le marais.

Lorsque le flot étranger commença à devenir inquiétant, leurs appels en faveur de la francisation de l'Algérie devinrent plus pressants ; leurs voix restèrent sans écho.

Enfin, lorsque la naturalisation automatique, c'est-à-dire la naturalisation imposée d'office à tout étranger ayant fait une année de service militaire en Algérie, fut décidée, la coupe leur parut pleine. Les yeux ne pouvaient manquer de s'ouvrir ; le péril apparaîtrait tellement flagrant que nul n'oserait le nier. Il était facile, en effet, de fixer, à quelques années près, le moment où la population électorale française serait complètement absorbée par les électeurs naturalisés, c'est-à-dire le moment où les Etrangers seraient maîtres de la situation. On répondit aux assimilateurs par les « pouvoirs forts », par le Budget spécial et par les Délégations Financières.

Tel est le résultat auquel ils sont arrivés, après toutefois une double expérience du régime de Droit Commun. La première eut lieu sous l'Empire. Le prince Napoléon, qui en avait été chargé, crut devoir, escomptant le succès prochain, annoncer que son ministère allait bientôt céder la place au Droit Commun pur et simple. Devant cette menace, une ligue se forma, qui ne craignit pas d'avoir recours aux pires moyens pour décourager le hardi novateur. Jérôme Napoléon écœuré se retira, mais non sans emporter les regrets des colons qui, dans une magnifique adresse où étaient consignés les nombreux actes libéraux du prince pendant son court passage aux affaires, lui exprimèrent hautement leurs sentiments de reconnaissance. Tous les gouverneurs, surtout en ces dernières années, ont eu de nombreux et enthousiastes admirateurs pendant leur règne ; mais, dès que leur départ était en question, les litanies louangeuses s'éteignaient pour reprendre, cela va de soi, en l'honneur du successeur. Seul, le prince Napoléon, après avoir quitté le pouvoir, a continué à recevoir de nombreux témoignages de sympathie, ceux-là spontanés et s'appuyant sur des titres réels à la reconnaissance publique. Il est donc absolument inexact de dire, comme cela se dit et se répète chaque jour, que le ministre de l'Algérie se retira parce qu'il reconnut lui-même l'impossibilité de gouverner de Paris. La vérité est qu'il tomba victime d'une cabale, qui entrevoyait avec terreur l'approche du régime métropolitain.

La légende du prince ministre succombant sous le poids de ses échecs vaut celle des assimilateurs reconnaissant eux-mêmes l'absurdité de l'assimilation, après l'expérience qui en fut faite sous la troisième République. Dans cette expérience, qui est connue sous le nom de « Régime des Rattachements », on confia aux Gouverneurs, c'est-à-dire aux représentants intéressés des régimes d'exception le soin de démontrer l'excellence du Droit Commun. Devant cet « essai loyal » d'un régime par ses pires adversaires, les assimilateurs se joignirent aux autonomistes pour en réclamer la fin. On proclama alors bien haut que l'assimilation était une utopie bouffonne, de l'aveu même de ses partisans les plus ardents. Voilà comment, pour les besoins d'une cause, on... arrange l'histoire.

L'assimilation battue et mise de côté, les pouvoirs d'exception ont eu le champ libre. Quel est leur bilan ? Quel est celui des institutions autonomes auxquelles ils ont donné le jour ? Le parti vaincu a le droit d'établir ce bilan : c'est ce que nous voulons faire pour notre part, avant d'adresser à nos concitoyens et à nos dirigeants un suprême et dernier appel en faveur d'idées que nous avons toujours défendues et qu'aujourd'hui plus que jamais nous considérons comme étant les

seules qui sauveront l'Algérie du grave, très grave danger
dont elle est menacée. Etant donné le cadre restreint de la
publicatin à laquelle nous avons dû avoir recours, c'est som-
mairement que nous allons dresser le bilan en question ; mais
nous en dirons assez pour que ceux qui nous liront avec l'intention d'être éclairés puissent porter un jugement en connaissance de cause.

Comme le Gouvernement Général a été maintenu surtout
pour protéger les Indigènes, pour que ceux-ci aient un tuteur
puissamment armé, c'est-à-dire en état de défendre efficacement leurs intérêts et de les couvrir toujours et quand même
d'une large bienveillance, nous allons d'abord montrer comment les Gouverneurs se sont acquittés de leur mission de
tutelle vis-à-vis du peuple vaincu.

Misère des Indigènes

La condition de l'Indigène musulman est tout autre que
du temps des Turcs. Certes, les deux époques ne sont nullement comparables et cependant nos sujets français se plai-
gnent et sont loin, bien loin de nous aimer. S'ils sont mécontents et s'ils nous haïssent, c'est surtout parce qu'ils sont
miséreux et qu'ils s'en prènnent à nous de leur état de misère.
Ont-ils raison de nous en rendre responsables ? Oui et non.

Non, car leurs croyances fatalistes sont, pour une bonne
part, cause de leur détresse, et leur paresse y est aussi pour une
autre grande part. Les fainéants-nés que M. J. Ferry a élevés à
la dignité de «pasteurs-nés» lui sont sans doute très recon-
naissants d'avoir solennellement proclamé le droit de la paresse à l'existence et à la considération ;

Oui, si l'on veut bien reconnaître qu'ils n'ont pas tout-à-
fait tort ceux d'entre eux qui disent qu'il est inutile de semer
pour que le fisc et surtout les intermédiaires du fisc viennent
tout récolter ;

Oui, car leur misère résulte aussi de notre procédure en
matière de licitation. Les victimes dépouillées au nom de la loi
ne se comptent plus et les modifications apportées bien tardi-
vement à cette procédure spoliatrice ne sont pas encore suffi-
santes pour les protéger contre les brigands légaux ;

Oui, car elle résulte pour nombre d'entre eux de la façon
dont on les a évincés de leurs terres pour les besoins de la
Colonisation. On aurait dû ne remettre de l'argent qu'à

ceux des expropriés qui l'auraient formellement exigé ; quant aux autres, il fallait leur donner en terre ce qui était nécessaire pour assurer leur existence ;

Oui, car elle est due à l'usure éhontée qui se pratique au grand jour chez eux. Une enquête prescrite par la commission sénatoriale des Dix-Huit a dévoilé les ignominies de l'usure dans certaines régions ; mais, fait particulier ! le plus profond silence a été organisé autour des résultats pourtant si précis de cette enquête ;

Oui, enfin, car elle résulte du manque de sécurité dont ils ont à souffrir encore plus que les colons.

Qu'elle qu'en soit la cause, la misère, et une misère profonde existe chez eux ; un écrivain de la Métropole a pu, non sans un fond de vérité, dire que la France avait maintenant son Irlande. Or, partout et toujours, les miséreux d'aujourd'hui sont les révoltés de demain. Il serait d'autant plus puéril de repousser l'éventualité d'une rébellion générale, que les plus bornés d'entre nos voisins indigènes ont acquis, à notre contact, quelques notions de leurs droits comme hommes et comme sujets français. On n'est plus en présence de l'être passif, qui sous le bâton payait et marchait sans oser élever une plainte contre le Beylick. Aujourd'hui cet être humain a retenu quelques-unes des paroles officielles qui lui ont si souvent annoncé l'avénement de la justice. Il voit, il entend, il comprend, il discute les actes dont il croit avoir à se plaindre, et ce n'est pas sans motif qu'il juge sévèrement les hommes qui lui ont promis la Justice et qui ont manqué à leur solennel engagement.

Les Impôts indigènes

Il n'a rien été changé au régime fiscal d'avant la conquête ; le gouvernement français a borné ses efforts à copier pieusement les procédés financiers des Turcs. Et encore si les impôts turcs, dont le principe est si critiquable, étaient répartis à peu près équitablement, le mal pour profond qu'il soit serait peut-être supportable ; mais c'est cette répartition qui est odieuse ! Il y a longtemps qu'un préfet d'Alger en a divulgué « les iniquités » ; elles subsitent toujours ! Quelques rouages ont été changés ; les résultats n'en sont pas moins aussi révoltants.

C'est probablement aussi aux Turcs que l'on a emprunté l'idée de faire payer aux contribuables les frais de perception *en dehors* de l'impôt. En plus de leurs contributions en principal et en centimes additionnels, les Indigènes, du moins ceux des territoires militaires et des communes mixtes, ont, en effet, à payer 1.314.708 fr. « pour dixième du principal attribué aux chefs collecteurs » ;

Pour être turque ou à la turque, cette façon de faire rentrer l'impôt par des Indigènes c'est-à-dire par des gens qui, du moment où ils sont investis d'une bribe d'autorité, se persuadent aisément que tout scrupule est pure niaiserie, cette façon, disons-nous, de faire rentrer l'impôt est un affront violent à la plus élémentaire honnêteté.

Une histoire très intéressante est celle des impôts spéciaux ; on ne peut l'écrire ici, car elle serait trop longue. Il nous suffira de dire que lorsque l'on juge que l'un de ces impôts ne peut décemment plus continuer à figurer dans les recettes, on en change la rubrique. C'est ainsi que les centimes additionnels pour « l'assistance publique » deviennent des centimes généraux « sans affectation spéciale ». Les centimes « pour la constitution de la propriété indigène » (impôt qui a dépassé 1.500.000 fr. certaines années et que le préfet dont nous venons de parler a qualifié « d'impôt essentiellement immoral ») sont transformés en centimes « pour des œuvres d'assistance et de bienfaisance ».

C'est le Gouverneur, assisté de son Conseil de gouvernement, qui *vote* ces centimes additionnels ! Il y a même eu un Gouverneur qui, estimant que du moment où il pouvait voter des centimes il pouvait tout aussi bien voter le principal, mit son raisonnement à exécution. Le gouvernement métropolitain, obligé d'intervenir parce que quelques intéressés eurent le mauvais goût de se plaindre, adressa une réprimande paternelle à ce fonctionnaire, ancien Conseiller d'Etat, qui sous les orangers de son palais d'été avait totalement oublié le premier des aphorismes financiers.

L'Administration des Indigènes

Il n'y a pas dans les tribus que le grand chef choyé par l'aristocratie républicaine et dont les oripeaux, chamarrés de croix, de médailles et de rubans de toutes dimensions et de toutes couleurs, font tomber en pâmoison les citoyennes de haut rang et de non moins haut goût. A côté de ce genre vautour, il y a le genre gypaète, cheik ou caïd, choisi parmi les petits. Celui-là n'a pas de parchemin de « grande tente » ; mais il se recommande ou par sa prestance, ou par sa hâblerie, ou par les petits services qu'il a rendus ou enfin par ceux qu'il pourra rendre.

Le cheik opère sur un territoire moins vaste que le grand chef; mais il n'a pas plus de scrupules que ce dernier, et toutes les opérations, si petit qu'en soit le profit, lui sont bonnes. Ses procédés sont connus de tous ; il les applique d'ailleurs au grand jour. Ce n'est que lorsqu'elle ne peut faire autrement que d'entendre les cris d'une victime trop brutalement plumée, que l'autorité se décide à sévir contre le maladroit, qui du reste est, à ce moment, généralement en état de se retirer des affaires. La durée moyenne des fonctions est de trois ans ; tout cheik qui, au bout de ce temps, n'a pas « fait sa pelote » est considéré comme un imbécile par ses administrés et par ses... chefs.

Des Kabyles, il y a une dizaine d'années de cela, n'ont-ils pas supplié un sénateur, aujourd'hui président du Conseil des ministres, de les soustraire « aux exactions et aux injustices de leurs chefs » ? Rien n'a été changé à la situation ; les Gouverneurs ont eu autre chose à faire que de s'arrêter à pareilles bagatelles.

Que fait l'Administration pour mettre fin à ce scandale permanent ? Elle révoque les cheiks par fournées et en nomme d'autres également par fournées ; ceux-là sont révoqués à leur tour dans le délai moyen et... ainsi de suite.

La Justice

En 1870, Warnier disait avec les colons : « Après Dieu, les Indigènes placent la Justice. Depuis quarante ans, nous entendons sortir de leur bouche ce cri qui résume leurs plaintes : par Dieu et par la Justice ; et nous n'avons pas su le comprendre ! » Depuis que Warnier a écrit cela, il s'est passé trente et quelques années ; le cri de ces malheureux est toujours resté sans écho ; la démocratie française s'est montrée aussi sourde, aussi indifférente que la monarchie.

Non seulement l'Indigène est impudemment volé par ses cheiks, mais encore il est chaque jour cyniquement dépouillé par ses cadis. « Si l'on ouvre, dit Warnier, la collection des *Actes officiels* de l'Algérie depuis 1866, on constate qu'il y a peu de sièges de cadi exempts d'une ou plusieurs révocations, effrayantes par leur grand nombre, par la récidive des fautes qui les ont fait prononcer ». Comme pour les cheiks « aux mains trouées, » on a continué à révoquer par fournées les cadis « ces mangeurs de tribus » sans s'inquiéter des causes du mal. Il y a cependant, depuis quelque temps, une diminution dans le nombre des révocations ; elle est due à ce que l'on a restreint un peu l'effectif de ces honnêtes magistrats.

L'Indigène peut, il est vrai, dans certains cas s'adresser au Juge de Paix. Malheureusement ce magistrat est un fonctionnaire de passage ; c'est un stage qu'il accomplit et non une mission qu'il remplit. Il est souvent trop jeune, quand ce n'est pas « un fruit sec de la Métropole » (pour nous servir de l'expression d'un ancien procureur général d'Alger) fruit sec que l'on envoie ici en récompense de ses services électoraux.

Les Tribunaux répressifs. — Il y a très longtemps que l'opinion publique réclamait une *procédure expéditive* pour les Indigènes ; mais elle la voulait, cela va de soi, entourée de toutes les garanties morales, sinon légales, car la population à laquelle devait s'appliquer cette procédure n'est pas composée que de gredins ; les honnêtes et les travailleurs avaient droit aux garanties que l'on trouve inscrites dans tous les Codes des pays civilisés. C'est dire que ceux d'entre nous qui estiment que tout être humain, si barbare et si dégradé qu'il soit, a droit à la justice, à toute la justice, ont été péniblement impressionnés par le décret qui a institué les tribunaux répressifs indigènes c'est-à-dire qui a mis hors la loi quatre millions de sujets. Et ils ont été non moins péniblement surpris de voir une Chambre française reculer pendant près de dix mois le moment de prononcer son jugement sur la moralité de cette juridiction.

Le Code de l'Indigénat. — Après avoir juré qu'elle ne saurait répondre de la paix, si on ne lui accordait pas ce code tel qu'elle l'avait préparé, la haute Administration Algérienne, quelques années après, consentait à la suppression de 21 articles de cette législation, 21 articles sur 40 !!! Les uns étaient retirés parce qu'ils n'offraient « nullement le caractère d'urgence, » pour lequel on les avait primitivement adoptés ; les autres, parce que les délits qu'ils visaient n'avaient rien de délictueux et « n'offraient d'ailleurs aucune importance ; » ceux-ci étaient « empreints d'une trop grande rigueur ; » ceux-là étaient « des dispositions inutiles et de nature à légitimer trop souvent des abus de pouvoir. »

N'est-elle pas éminemment suggestive cette histoire d'une juridiction que l'on affirmait être indispensable dans son intégralité et dont on était obligé d'abandonner la moitié des articles au premier examen sérieux qui en était fait ?

Qu'il ait été nécessaire, étant donné le milieu indigène, de punir, et de punir rapidement, certains faits qui, sans aller jusqu'au délit légal, n'en doivent pas moins être réprimés, car dans ce milieu ils prennent un certain caractère de gravité et par l'exemple qu'ils donnent entraînent de sérieuses conséquences, qu'il ait été nécessaire, disons-nous, de réprimer ces faits, cela n'était pas douteux ; qu'on ait réuni en un code spécial les infractions présentant les caractères dont il vient d'être parlé, rien de mieux ; mais pourquoi avoir remis l'application de ce code entre des mains administratives ? Le Préfet à qui l'on doit la première idée et la première application du code de l'indigénat s'adressa aux Juges de Paix, pour réprimer les infractions qu'il avait visées dans un arrêté ; il n'eut qu'à s'applaudir des résultats. Au surplus, dans les Communes de plein exercice, ce ne sont pas les Maires qui appliquent le code de l'indigénat ; ce sont les Juges de Paix. Pourquoi ce qui est excellent dans une commune de plein exercice ne l'est-il plus dans la commune mixte voisine? Nous l'ignorons, pour notre part. Avec ce code, les Administrateurs peuvent, il est vrai, jouer aux officiers de bureau arabe ; ce n'était pas la peine alors de changer de... régime.

La Responsabilité collective. — Que dire de la responsabilité collective des tribus en matière d'incendies forestiers ? Chose étrange ! Le code forestier, que l'on applique tous les jours à des citoyens français, a été jugé trop sévère pour les musulmans et l'on n'a eu de cesse que l'on n'eût obtenu des Chambres une deuxième édition de ce code, refondue et considérablement adoucie (1). Mais quant à la responsabilité collective, cette mesure extrême à laquelle un peuple civilisé ne doit avoir recours que lorsque tous les moyens ordinaires ont échoué, il n'a jamais été question d'y toucher !

N'est-il pas étrange, en effet, de voir l'autorité s'ingénier à épargner à ses administrés les prétendues rigueurs d'un code — car le code forestier, avec ses transactions, n'est rigoureux qu'en apparence — pour, d'un autre côté, les traiter d'une façon courante en révoltés !

____

(1) Il y avait 15 jours à peine que le nouveau code avait été publié aux *Actes Officiels*, que déjà les Indigènes avaient fait connaître à l'Administration qu'ils s'en trouvaient admirablement bien ; c'est du moins ce que nous a appris M. le Gouverneur, lors des derniers débats à la Chambre.

Nous venons de dire qu'il ne doit y avoir de place pour la responsabilité collective, que lorsque les moyens ordinaires de répression ou de prévention ont échoué. Où sont-ils les moyens ordinaires que l'on a employés ? A défaut d'un personnel de surveillance suffisant, ou aurait pu exécuter des travaux de protection des forêts, tels que chemins forestiers, débroussaillement, tranchées de séparation, haies protectrices. A l'aide de quelques mesures très simples, telle que la règlementation des mises à feu des broussailles (les neuf dixièmes des incendies forestiers sont causés par la mise à feu clandestine des broussailles) on aurait très certainement diminué ces incendies dans des proportions considérables. On n'a rien, rien fait ; on a préféré un moyen beaucoup plus expéditif et moins coûteux, quitte à frapper des collectivités innocentes, ainsi que cela est déjà arrivé. L'ancien préfet d'Alger dont nous avons déjà parlé a, pour sa part constaté, dans un rapport officiel, que pendant la courte durée de ses fonctions on avait condamné quatre tribus innocentes ; on peut juger par là de la fréquence de ces sortes d'erreurs. Il n'y a pas lieu d'ailleurs de s'en montrer surpris, étant donnée la façon dont la peine est prononcée. Elle est, en effet, prononcée : « par le Gouverneur général en Conseil de gouvernement, sur le vu de procès-verbaux, rapports et propositions de l'Administration locale, les chefs de tribu ou de douar préalablement entendus par la dite autorité. » C'est donc à la suite d'une simple enquête administrative et sans débats contradictoire, que le *jugement* est rendu !

Les condamnés ont-ils au moins le droit d'appel ? Oui, seulement la plupart des Indigènes l'ignorent ; on ne le leur a jamais fait savoir. Quant à ceux qui ont été renseignés à cet égard, ils n'ont garde d'en user ; le moyen est trop dispendieux, car c'est en Conseil d'Etat qu'il faut aller. Il n'y a pas d'exemple de ce genre de recours, bien qu'il y ait eu, comme nous venons de le dire, des condamnations qui aient porté à faux.

Si encore, pour justifier le maintien d'une aussi barbare pénalité, on pouvait affirmer que l'on est arrivé à diminuer le nombre des incendies forestiers, en présence des résultats, on verrait peut-être à accorder les circonstances atténuantes aux gouverneurs qui jouent si facilement de la responsabilité collective ; mais ils n'ont même pas cette excuse !

L'Internement administratif. — Si la responsabilité collectif a laissé l'opinion publique indifférente en France, on s'est fort ému, en revanche, au sujet de l'internement administratif. Ce n'est pas sans raison, car il en est de cette mesure comme de la première ; le jugement n'offre pas plus de garanties dans l'une que dans l'autre. C'est toujours le Gouverneur qui, en Conseil de gouvernement, prononce sur le vu de procès-verbaux, rapports, enquêtes, etc., etc. Toute cette procédure se réduit le plus souvent à un rapport verbal de chaouch ou de cheik. Quand il a été traduit en français et qu'il a passé par la filière de l'administrateur-adjoint, de l'administrateur, du sous-préfet et du préfet, ce rapport arrive devant le tribunal sous la forme d'un très volumineux dossier. Le ministère public fait savoir au tribunal qu'il n'y manque aucune pièce, que la voie hiérarchique a été scrupuleusement suivie et... tout est dit.

C'est une mesure d'ordre politique, dit-on. Il est bien peu d'entre nous qui ne possèdent quelques histoires d'internement, où la politique n'a rien eu à voir, où il s'agissait soit de vengeance personnelle, soit de haine de çof à çof. Pour qui connaît si peu que ce soit les Indigènes, ce *tribunal secret* est apparu, dès les premiers jours, comme le plus merveilleux instrument qui ait été mis à la disposition de leurs passions.

Ce qui est vraiment singulier dans cette mesure de séquestration par voie sommaire, c'est son origine. Pour la responsabilité collective, pour le Code de l'indigénat, la loi est intervenue. Pour les tribunaux répressifs, il y a eu un décret. Mais que trouve-t-on pour une mesure qui permet de mettre un homme sous clef sans qu'il soit entendu ? Un arrêté, signé d'un gouverneur ! Il ne s'agit que d'indigènes, il est vrai...

La Sécurité

Nous l'avons dit, et il y a accord unanime sur ce point, les Indigènes ont plus à se plaindre de l'insécurité que les colons. Si chez ces derniers il y a un rudiment de police de surveillance et de répression, chez les premiers il n'y a rien, car nous ne supposons pas qu'il viendra à l'idée de quelqu'un de voir chez ces corrompus et ces corrupteurs que sont les cheiks — nous parlons d'une façon générale, cela va de soi — des auxiliaires de la justice. Ce qui est très surprenant, c'est que dans de telles conditions les crimes et les délits ne soient pas de toutes les minutes.

En 1900, il y eut une telle recrudescence dans les méfaits de la piraterie agricole, que l'autorité elle-même finit par s'émouvoir. Elle voulut bien faire prendre des renseignements sur ce qui se passait en dehors du palais de la place Malakof.

Elle apprit alors que 900 (nous disons : neuf cents) évadés de Cayenne battaient la campagne sans avoir jamais été inquiétés. Il n'est pas besoin d'ailleurs de remonter aussi loin ; ne vient-on pas de voir tout dernièrement une bande s'organiser pour marcher sur les colons, sans que personne ait rien vu, ait rien entendu, bien que cette bande n'ait, à véritablement parler, pris aucune précaution pour cacher ses préparatifs ? On n'a pas osé mettre en cause l'autorité locale, car elle n'aurait eu aucune peine à démontrer qu'avec les moyens rudimentaires dont elle disposait il lui était absolument impossible de connaître ce qui se passait sur son territoire.

C'était donc tout d'abord à mettre sur pied une véritable police de surveillance et de répression, que l'Administration eût dû employer son activité et son énergie. CAR C'EST L'IMPUNITÉ QUI EST LA GRANDE CAUSE DE L'INSÉCURITÉ. Lorsque plus de la moitié peut-être des auteurs des crimes ou des délits échappent à l'action des tribunaux, il n'y a pas plusieurs déterminations à prendre ; il n'y en a qu'une seule.

On a, il est vrai, qualifié de « répressifs » les nouveaux tribunaux, probablement dans l'hypothèse que cette qualification suffirait à réprimer les attentats. Les Indigènes seraient frappés de terreur parce que, au lieu d'être incarcérés en qualité de prévenus, ils le seraient en qualité de condamnés. Des statistiques, dont on a fait grand bruit, ont failli démontrer la réalité de cette prévision ; mais les résultats définitifs ont été loin d'être concluants. On a été alors mis dans la nécessité d'imputer au verdict de Montpellier l'insuccès des tribunaux sommaires.

Depuis longtemps, il y avait une formule qui courait les rues : Police répressive, procédure expéditive, tribunaux simplifiés. Il n'y avait qu'à la mettre à exécution. Si répressifs que puissent être des tribunaux, s'il n'existe pas de police pour y amener les délinquants, ils risquent fort de ne rien réprimer du tout.

Moralisation de l'Indigène

On a vu à quoi se borne l'action de l'autorité pour mettre un frein à la concussion et à la prévarication qui se pratiquent ouvertement dans le monde officiel des cheiks et des cadis ? Il n'y a donc pas lieu de s'étonner qu'elle assiste indifférente aux progrès de la passion du mensonge chez nos sujets musulmans. Déjà du temps de Mahomet, l'Arabe était réputé pour cette passion ; un des grands chagrins du Prophète fut de n'avoir pu, avant de mourir, le guérir de cet horrible défaut. Nous n'avions pas, nous Français, à tenter d'être plus heureux que Mahomet à l'aide de prèches et de conseils ; mais nous avions le strict devoir de ne pas tolérer que le musulman se fasse un titre de gloire de mentir impudemment à la Justice. C'est pourtant ce qui se voit chaque jour ; le spectacle de ces témoins qui, tous pourrait-on dire, suent le mensonge, est véritablement écœurant. Et pourtant jamais aucun d'eux, que nous sachions du moins, n'a eu à répondre de témoignages dont la fausseté crevait les oreilles. Il eût fallu montrer à ces cyniques ou à ces inconscients qu'en pays français le mensonge est un vice honteux et que, lorsqu'il est commis devant la Justice, il est puni à l'égal d'un crime ; quelques exemples sévères eussent été salutaires, tandis que l'asbtention systématique des tribunaux ne peut que les encourager à persévérer dans leur vice dégradant et dans leur mépris de la Justice.

Dans ce monde musulman, où la vénalité, la prévarication, le mensonge dans les affaires et devant la Loi sont pour ainsi dire encouragés, les exemples de justice distributive deviennent au moins inutiles. Tel paraît être l'avis de la Haute administration qui, systématiquement s'abstient de récompenser nombre de héros, obscurs il est vrai. Il en est pourtant parmi eux qui ont à leur actif de véritables prodiges de valeur ; des centaines de personnes doivent la vie à d'autres. A quelques-uns on a distribué de l'argent —des sommes allant jusqu'à 200 francs ! — et des médailles de bronze ; les autres n'ont même pas été jugés dignes de semblables largesses. On est plus généreux, quand il s'agit des Grands Turbans ; on les décore à la volée, ceux-là ! Il n'y a de place dans le *Mobacher* que pour leurs nominations dans la Légion d'Honneur et les révocations des cheiks et des cadis. A la dernière revue du Tsar, il y eut presque une émeute chez les cavalcadours indigènes de l'escorte, parce qu'on avait hésité à les élever d'un échelon dans la hiérarchie de la Légion d'Honneur, pour avoir fantasié pendant quelques quarts d'heure.

Le sénateur dont nous parlions tout à l'heure, a signalé l'odieux trafic dont est l'objet la jeune fille indigène qui est vendue comme bête de somme. Il a cité le cas de cette institutrice kabyle, qui faillit être enlevée au milieu de ses élèves par un passant dont elle était devenue la propriété, parce que ce passant avait mis quelques douros dans les pattes du mâle reproducteur.

« Que les Indigènes, disait le sénateur, continuent à trafiquer de leurs fillettes avec notre assentiment, j'en rougis ou, si l'on aime mieux, j'en gémis pour mon pays ! » Ses paroles indignées ont-elles éveillé chez un Gouverneur quelconque la généreuse idée d'effacer au plus vite cette honteuse tache de notre domination ? Il y aurait d'autant mieux réussi que, avec l'appui du Coran, il eût pu interdire aux musulmans la vente de la jeune fille attendu que l'argent donné par le mari est et ne doit être, d'après le livre sacré, que la dot de la femme et que personne autre que celle-ci n'a le droit de toucher à cette dot.

Ce même sénateur s'est élevé aussi contre l'inertie d'une société civilisée qui permet que des enfants de 8 à 9 ans soient livrées aux assauts d'une brute en état de rut. Qu'aurait-il donc dit, s'il avait su qu'un Gouverneur s'était obstinément refusé à écouter des Kabyles qui, à l'instigation de leur Administrateur, lui avaient demandé de les autoriser à élever, dans leurs Khanouns, l'âge de nubilité des filles à 14 ans ? « Cela aurait pu susciter quelques troubles » aurait-il répondu à cette démarche ; avant tout, il voulait digérer en paix.

Il est vrai de dire que si les Gouverneurs ne se sont guère émus des révélations qui ont été apportées à la tribune du Sénat, les membres de cette assemblée n'ont pas, de leur côté, donné des signes de profonde émotion Ils ont gardé leur indignation pour le jour où M. J. Ferry leur a montré 800.000 Indigènes grelottant de peur et, agenouillés aux pieds d'une douzaine de gardes forestiers, leur versant un million de francs d'amendes. La posture émouvante de ces « pasteurs-nés » était évidemment une image aussi fantaisiste que leur nombre et surtout que le million d'amendes, qui en réalité s'élevaient à 160.000 francs. Il n'empêche que les « pouvoirs forts » ont été enlevés à la suite de ces révélations, tandis que les faits divulgués par M. Combes et qui, en d'autres temps, eussent fait bondir d'indignation tous ses collègues, tous sans exception, tandis que ces faits ignobles, déshonorants pour la France et ceux-là absolument vrais, n'ont pas troublé un seul instant la sérénité du Sénat !

L'Indigène isolé de l'Européen

« Vouloir amener les Indigènes à notre civilisation et en même temps les isoler des colons, est ou une erreur à réparer ou un calcul que nous devons déjouer ». WARNIER. — En effet, c'est surtout par son contact avec l'Européen que l'Arabe acquerra les qualités qui lui manquent et dépouillera le vieil homme, car le bon exemple est contagieux ; les plus réfractaires en apparence finissent par y succomber. Ce qui surtout achèvera de transformer l'Indigène, ce sera l'intérêt. Quand il verra le travail amener chez ses coreligionnaires même l'aisance et l'indépendance, il se prendra à aimer la terre et corrigera bien vite ses procédés primitifs de culture pour copier ceux de ses voisins. On est d'autant plus autorisé à parler ainsi de l'avenir, que, partout où il y a contact entre colons et arabes, cet avenir s'est réalisé, à quelques exceptions près. L'histoire de la famine de 1868 ne laisse pas le moindre doute à cet égard ; alors que 300.000 musulmans sont morts en territoire militaire, pas un de ceux qui étaient fixés aux abords des centres européens n'a succombé. D'où cette conclusion admise sans conteste par nous tous et depuis longtemps : qu'il fallait au plus tôt trouer les grandes agglomérations musulmanes, les disloquer et y installer des Européens. Mais tandis que nous avions vu dans cette conclusion logique et humanitaire l'intérêt de la France et celui des deux peuples en présence. M. J. Ferry n'y a vu que la formule « des convoitises ardentes » des colons.

A la suite de l'anathème lancé par cet homme d'Etat contre tous projets de colonisation c'est-à-dire contre l'introduction de la civilisation et du bien être en pays indigène, il fut interdit, sous peine d'excommunication majeure, d'en parler même à voix basse. Et comme le maintien du service militaire d'un an aurait pu amener en Algérie de jeunes colons aux convoitises non moins ardentes que celles des vieux colons, on a saisi la première occasion qui s'est présentée pour supprimer la seule mesure qui ait été prise en vue de favoriser le peuplement de la Colonie par les Français. A noter que dans cette dernière occasion le représentant de la politique de M. J. Ferry n'a dit mot ; il doit, par conséquent, être considéré comme ayant consenti à ce qui a été fait (1).

____

(1) Les assimilateurs, avons-nous dit dès les premières lignes, veulent les lois françaises, mais avec les tempéraments qu'exige un pays né d'hier et qui rencontre de grandes difficultés dans son développemment. Ils ne se montrent donc pas illogiques en demandant en faveur de ce pays un tempérament à la loi militaire. Ils se croient d'autant plus autorisés à le demander, que les soldats algériens d'un an ont, dans une campagne extrêmement pénible, celle du Sud Oranais, fourni la preuve de leur endurance et de leur discipline. C'est le général commandant l'expédition lui-même qui, dans l'ordre du jour final, a félicité ces jeunes gens sur les qualités militaires qu'ils avaient montrées pendant toute la durée de la campagne.

On continuera donc à laisser croupir dans leur fanatisme, dans leur ignorance et dans leur paresse les grandes agglomérations indigènes. L'on créera de ci de là quelques centres, afin de pouvoir conserver dans le budget le Chapitre de la Colonisation ; mais il faudra renoncer à l'idée de multiplier dans le Tell les points de contact entre les colons et les Indigènes. Quant aux Arabes d'au-delà du Tell, ils n'auront plus à craindre le voisinage pernicieux du colon ; parqués dans les « territoires du Sud, » dont nous allons parler dans un instant, ils n'y rencontreront que des culottes rouges et des frocs.

En définitive, c'est à un effet oratoire que l'on doit le dernier arrêt du peuplement de la Colonie par des Français et l'immobilisation du peuple vaincu dans son état de demi-barbarie. Et dire que l'homme d'État qui a si nettement vu « les convoitises ardentes des colons » n'a nullement aperçu celles du parti qui l'a circonvenu, celles des hommes d'affaires qui l'ont trompé et celles des usuriers de Médéa et autres lieux, dont il a eu les noms et les hauts faits sous les yeux et qui ont ruiné des régions entières !

Le respect de la religion musulmane

Lorsque, dans l'intérêt même des Musulmans, quelqu'un propose de toucher si peu que ce soit à une prescription non religieuse de la loi coranique. aussitôt éclatent de toutes parts, mais surtout dans l'entourage des gouverneurs, des cris indignés : « Ne touchez pas au Coran ! Ne touchez pas au Coran ! » Mais quand c'est le clergé catholique qui, sans détour aucun, s'en prend aux croyances religieuses mêmes du peuple conquis, les échos officiels et officieux répètent à l'envi les nobles paroles que des prélats ont daigné laisser tomber de leur bouche sacrée.

Alors qu'en 1868 les Arabes, mourant de faim, tombaient par milliers le long des routes, voici les seules réflexions que suggéraient à un cardinal ces épouvantables fauchées de la mort : « Ces pauvres gens, dénués de tout, montrent encore un courage, une résignation farouche, *qui seraient vraiment admirables s'ils étaient inspirés par un sentiment chrétien* et s'ils ne naissaient pas de *leur triste fanatisme musulman,* première cause de leurs maux, parce qu'il empêche de leur part toute prévoyance... »

Au lendemain de l'affaire de Margueritte, un autre prélat

s'exprimait ainsi, dans un mandement écrit pour la circonstance : « ...Les hommes vieillis dans l'étude des choses de l'Afrique... ne désirent pas que l'on restreigne la liberté de son culte (du Musulman), ni qu'on le gêne dans ses pratiques religieuses, encore moins qu'on le persécute ; mais ils trouvent étrange, dans les écoles indigènes, l'enseignement du Coran, *qui apprend l'horreur du chrétien et la haine du Français.* Ils s'étonnent de ce que nous élevions des mosquées *d'une utilité contestable,* dans des lieux où il n'y en avait pas avant la conquête... Ils se demandent s'il est habile de fournir chaque année aux « croyants » les moyens de se rendre à la Mecque... *Beaucoup regrettent que des églises n'aient pas remplacé les mosquées...* » Nous nous abstenons de commentaires, nous bornant à souligner les passages les plus malheureux de la citation ou ceux qui sont inexacts, tel le passage relatif au Coran.

C'est sans doute pour respecter les croyances religieuses des Musulmans que pendant plusieurs années le cardinal a fait défiler, dans les cortèges des processions publiques d'Alger, les petits Arabes recueillis pendant la famine de 1868 et qui, *spontanément,* s'étaient convertis au catholicisme.

C'est pour respecter les convictions religieuses du peuple vaincu que, lors d'une cérémonie religieuse quelconque, on fit parader sur une place publique les « frères armés du Sahara ». Afin que le spectacle de ces soldats ne fût pas mal interprété par les Musulmans, qui auraient pu croire que ces missionnaires d'un nouveau genre allaient évangéliser leurs coreligionnaires à coups de fusil, le cardinal avait pris soin de faire peindre sur une bande de toile l'explication de la mission des frères armés : et pour que l'explication fût mieux à la portée de tous, elle était... en latin !

A propos de ces frères, on nous permettra de signaler ce fait singulier d'un gouvernement qui tolère qu'un fonctionnaire puisse, en territoire français, lever, équiper et armer un corps de troupe. Et si nous disions que peu s'en fallut que ce corps de troupe ne défilât à la revue officielle du 14 juillet, que penserait-on d'un pays où se passent de pareilles choses ? C'est la question de rang à donner à la troupe sacrée dans le défilé, qui fit abandonner le projet. Pour adoucir les regrets du cardinal, la revue fut contremandée.

La magistrature n'a pas voulu être en reste avec le clergé,

dont on ne la sépare généralement pas d'ailleurs. Il n'y a pas bien longtemps qu'un procureur général, dans un cas où il requérait la peine de mort, s'exprimait ainsi : « ...Le Musulman ne redoute qu'une peine, devant laquelle toutes les autres sont peu de chose ; le Musulman a peur de la peine de mort telle que nous l'appliquons. Que désormais les Arabes n'entrevoient plus au-delà du crime les visions du paradis de Mahomet ; que la vue des corps décapités enlève aux assassins l'espoir de franchir le pont qui conduit aux félicités de l'autre monde... » Pourquoi cette menace ? Pourquoi cette incursion dans le domaine religieux ? Pourquoi clamer que l'on a recours à la guillotine pour priver les croyants de leurs droits de citoyens du ciel ?

Un autre trait montrera comment en hauts lieux on entend le respect de la religion des sujets français. Parmi les sacrilèges, il en est un que les Musulmans placent au-dessus de tous les autres : c'est la présence d'un infidèle dans le sanctuaire de la Mecque. Au siècle dernier, un Anglais aurait cependant réussi à s'y introduire ; mais la chose avait été tenue secrète, et, sans des indiscrétions qui ne pouvaient d'ailleurs être invoquées à titre de document officiel, elle n'eût jamais été connue. Un Français n'a pas pris tant de ménagements ; après avoir simulé une conversion, il est allé en pèlerinage au tombeau du Prophète et en a instruit aussitôt le monde entier. Il a fait plus ; il avait photographié les lieux saints, sur lesquels aucun regard profane ne doit se porter ; eh bien ! il n'a pas hésité à jeter les vues du sanctuaire à tous les vents de la publicité !

Il ne s'est agi, en somme, dans ce voyage, que d'une affaire commerciale, car aucun document scientifique, littéraire ou politique n'en est résulté ; c'est donc pour une simple question de lucre que l'injure la plus sanglante a été jetée à la face de l'Islamisme. Une éclatante réparation était légitimement due à nos sujets musulmans de l'Algérie ; sur les instances d'un gouverneur, on la leur a donnée : la croix de la Légion d'Honneur a été attachée sur la poitrine du... photographe.

L'Administration a enfin tenu à donner elle-même l'exemple du respect qu'elle professe et qu'elle recommande pour le Coran. Elle a fondé trois hôpitaux exclusivement destinés aux Musulmans. A qui en a-t-elle confié la direction et l'administration ? A des religieux catholiques, cela va de soi, de sorte que, lorsqu'ils entrent dans ces établissements, les pre-

mières personnes que voient les Indigènes et celles qu'ils ver-
ront ensuite le plus souvent à leurs côtés, sont des religieux,
avec leur costume spécial, leurs amulettes, leurs crucifix, leurs
chapelets, leurs médailles. Aux murs sont suspendus le plus
grand nombre possible d'emblèmes religieux, et la prière est
dite à haute voix plusieurs fois par jour dans les salles. C'est
ce que l'on appelle observer la neutralité religieuse vis-à-vis
de gens dont on recommande à tout propos de ne pas froisser
le fanatisme, si légèrement soit-il.

Nous devons reconnaître, à la décharge de l'Administration,
que le personnel religieux de ces hôpitaux présente un très
grand avantage sur le personnel laïque des autres hôpitaux.
On est obligé d'inspecter ces derniers et d'exiger d'eux qu'ils
tiennent des comptes en règle. Rien de cela n'est nécessaire
avec les congrégations ; elles encaissent les dotations et les
subventions et l'on n'a plus besoin de s'occuper de rien ; pas
de frais d'inspection, pas de frais de contrôle, en un mot, une
énorme simplification de la comptabilité publique. Ce sont
des perles d'autonomie dans l'État autonome.

Défense des Intérêts Indigènes

Si les tuteurs officiels de la population musulmane s'acquit-
tent aussi mal de leur mission, cette population ne trouve-t-
elle pas des défenseurs — et des défenseurs naturels, ceux-là
— parmi les personnages indigènes qui ont leurs grandes et
leurs petites entrées aux palais des Gouverneurs et parmi ceux
qui font partie ou des Conseils généraux ou des Délégations
financières ou du Conseil supérieur ? Non seulement elle n'a
pas à compter sur eux, mais elle doit y voir ses pires ennemis.
Jamais, même dans les plus mauvaises circonstances, ils
n'ont fait entendre un mot, un seul mot de défense en faveur
de leurs frères. Loin de là, ils ont applaudi sans réserves aux
mesures les plus rigoureuses, telle celle des tribunaux répressifs. Dans les Conseils généraux, ne les a-t-on pas vus, lorsqu'une voix française signalait les abus dont étaient victimes
leurs coreligionnaires, rester muets, absolument muets, quand
ils ne soutenaient pas l'auteur de ces abus, c'est-à-dire l'Administration ? C'est grâce à leur appui ou à leur silence complai-
sant que l'autorité, lorsqu'elle a pris ses plus détestables mesures, a pu prétendre qu'elle avait l'approbation des plus notables représentants de la population musulmane.

Les assesseurs des Conseils généraux sont, il est vrai, des

délégués de l'autorité ; on ne peut, par conséquent, compter sur leur indépendance ; mais les délégués financiers Musulmans, qui, eux, sont nommés à l'élection, ne sont-ils pas indépendants ? Ils ne le sont pas plus que les autres, leur collège électoral étant composé en bonne partie par les cheiks — oui, par les cheiks ! — pour les uns ; en totalité par des agents de l'administration, pour les autres.

Comme il sera dit plus loin, l'introduction des Indigènes dans les assemblées électives, soit par désignation administrative, soit par un simulacre d'élection, n'a été qu'une tactique des partis dirigeants pour conserver aux Gouverneurs la direction de ces assemblées. De ce qu'elle a ainsi montré le peu de cas qu'elle fait de la dignité des notables musulmans, à qui elle impose un rôle de comparses inconscients, l'autorité ne devait pas, pour cela, se croire autorisée à venir clamer bien haut devant le parlement que les Indigènes avaient de véritables mandataires dans les assemblées électives de l'Algérie.

Sociétés de Prévoyance Indigènes

La seule œuvre intéressant les Musulmans que l'on puisse porter à l'actif des Gouverneurs est celle des sociétés de prévoyance. Encore faut-il faire remarquer qu'ils n'en ont pas eu l'initiative — elle revient, en effet, à un Général, le général Liébert, qui, sous l'empire, fonda la première société de ce genre à Miliana — et que c'est depuis quelques années seulement qu'ils ont repris l'idée pour leur propre compte. Quoi qu'il en soit, l'Administration a raison de faire valoir les heureux résultats obtenus. Elle exagère un peu, beaucoup peut-être, les résultats ; mais cela arrive à tous ceux qui n'ont pas de nombreux titres à mettre en évidence. Aussi nous passons et nous nous associons aux éloges qu'elle se fait décerner pour son œuvre des sociétés de prévoyance, tout en notant que dans certaines régions ces sociétés fonctionnent d'une façon pitoyable, le taux du prêt, qui est officiellement de 5 p. %, allant en réalité jusqu'à 20 p. %. Nous mentionnons aussi que ces sociétés de prévoyance ne s'adressent qu'aux arabes qui « offrent des garanties » ; or ceux-là ne sont pas le plus grand nombre ; tant s'en faut. En somme, nous n'avons pas voulu condamner l'œuvre, par ce que nous en savons personnellement, et nous sommes persuadé que dans les autres régions elle donne d'excellents résultats, puisque l'Administration l'affirme.

Autres œuvres de bienfaisance

Si le passé est pauvre, l'avenir en revanche est riche, très riche en promesses. L'année dernière, les Délégations financières ont voté une somme de 760.000 francs pour « des œuvres d'assistance, de bienfaisance et d'utilité publique intéressant la population indigène ». Parmi ces œuvres, il y en a de très remarquables, telle la création de petites zaouïas ; jusqu'à présent on avait pensé qu'il fallait tendre à supprimer ces foyers de fanatisme, qui sont très difficiles, sinon impossibles à surveiller (1) ; c'était, paraît-il, une erreur. Une institution de première nécessité, d'extrème urgence, va aussi voir le jour : un musée d'art arabe, 40.000 francs. De larges crédits ont été mis enfin à la disposition du Gouverneur pour répandre l'hygiène en pays arabe ; on donnera même des bourses (25.000 francs) à des Indigènes qui iront « faire des études d'hygiène et de médecine dans une Médersa » (sic) ou dans un hôpital, quelconque aussi.

Déjà l'ère d'exécution de ces grandes œuvres est ouverte, et c'est, il n'est pas besoin de le dire, par deux nominations d'inspecteurs qu'elle a été inaugurée : l'un d'eux a été préposé aux sociétés de prévoyance et l'autre au futur musée d'art arabe. Il y aura place pour toutes les bonnes volontés et pour les gens qui auront eu des malheurs dans leur existence : qu'on se le dise ! Les miséreux indigènes ne se doutent certainement pas du bien que l'on va faire avec leur argent !

Enfin un iradié tout récent vient de paraître, créant une vingtaine de bureaux de bienfaisance musulmans. Puisqu'ils n'auront pas de ressources propres, nous ne voyons pas très bien pourquoi on leur a donné un existence spéciale. Les Musulmans n'auraient-ils pas pu être aussi bien secourus par les bureaux de bienfaisance ordinaires ? A-t-on voulu avoir des bureaux confessionnels ? C'est déjà beaucoup trop que d'avoir des bureaux de bienfaisance israélites ! En somme, l'intention était certainement bonne ; mais la conception n'a pas été heureuse et les fonds nous paraissent être ce qui manquera le plus, car dans les 760.000 francs affectés spéciale-

---

(1) Les derniers débats de la Chambre nous ont appris qu'une fois ces zaouïas subventionnées, elles deviendront « des centres de sympathie pour la France, au lieu de foyers d'obscurs complots, d'où sortent des explosions de fanatisme ». Nous avons dû relire plusieurs fois ce passage de l'*Officiel*, pour être bien sûr que nous n'étions pas le jouet d'une illusion.

ment aux œuvres de bienfaisance, nous ne voyons rien qui soit destiné aux nouveaux bureaux de bienfaisance.

Pour faire face aux 760.000 francs de dépenses nouvelles, il a fallu trouver des recettes d'égale somme. Les Délégués financiers français, liés par l'engagement qu'ils avaient pris vis-à-vis de leurs électeurs de ne voter aucun impôt nouveau, n'ont pu mettre ces 760.000 francs à la charge de ces derniers; mais comme ils n'avaient pas d'engagement semblable vis-à-vis des Indigènes et que d'ailleurs les *mandataires* de ceux-ci n'ont fait aucune opposition, ils ont décidé de faire supporter les charges nouvelles par les Indigènes exclusivement. Au surplus, puisqu'ils en bénéficieraient seuls, il n'était que juste de les frapper seuls ; et d'ailleurs ce ne serait pas, par le fait, un impôt nouveau. En effet, il n'était que temps, l'accord était unanime sur ce point, de faire disparaître l'impôt « essentiellement immoral » qui s'appelait « centimes additionnels pour la constitution de la propriété indigène », propriété que l'on ne constituait plus depuis une quinzaine d'années. On le supprimerait donc ; on l'a supprimé. Mais comme on ne pouvait pas supprimer l'habitude que, depuis un temps immémorial, les Indigènes avaient de verser cet impôt, on la respecterait et ils seraient admis à apporter leurs douros sous une autre rubrique. En somme, cela n'est pas douteux, il ne s'est pas agi d'un impôt nouveau.

Tel est le bilan de la mission des Gouverneurs vis-à-vis des Musulmans, bilan assurément incomplet quant au passif, car bien des articles n'y figurent pas, telle la honteuse gestion des biens *habbous*, telle la peu digne histoire des réquisitions pour la destruction des sauterelles. Quand nous avons parlé plus haut de la possibilité d'une rébellion générale, on a pu voir de l'exagération dans nos paroles ; n'est-on pas convaincu maintenant que l'on a tout fait, rien oublié pour préparer de toutes pièces cette insurrection ? Si elle éclate en même temps que des complications intérieures, elle pourra décider du sort de la domination française en Algérie. Si elle surgit en temps ordinaire, elle sera certainement réprimée ; mais à quel prix ! Un fleuve de sang coulera et laissera sur le bon renom de la France une tache ineffaçable.

Livré à lui-même, l'arabe, qui est résigné par nature, patienterait peut-être encore un temps plus ou moins long ; mais il a autour de lui nombre de coreligionnaires, Khouans fanatiques, fonctionnaires disgrâciés, faméliques de tous rangs, pêcheurs en eau trouble, qui ne laissent échapper aucune occasion de faire ressortir les fautes de l'Admistration et de dénaturer les quelques bonnes intentions qu'il lui arrive quelquefois d'avoir.

Il est en outre circonvenu par des courtiers bibliques, qui chantent la magnanimité de certaine puissance, en disqualifiant le peuple vainqueur aux yeux du peuple vaincu ; car ici comme partout où il s'agit de créer des embarras à la France, on découvre la main de cette puissance. Ses missionnaires ne prennent même plus la peine de cacher leur prosélytisme antifrançais, depuis l'accueil qui a été fait aux divulgations d'un membre du parlement sur leurs agissements, divulgations que le Gouverneur d'alors n'a pas osé venir confirmer à la tribune. Quant aux agitateurs d'occasion ou de profession, on ne les a jamais sérieusement inquiétés ; il est question, on l'a vu, d'augmenter le nombre des refuges, c'est-à-dire des Zaouïas, où ils pourront opérer en toute tranquillité.

Si le peuple vaincu ne peut que se plaindre des régimes d'exception, voyons si le peuple vainqueur a bien lieu de s'en louer.

Le citoyen français en Algérie

Les Français de l'autre côté de la Méditerranée ignorent en général ce que devient un citoyen français qui vient se fixer en Algérie. Quelques exemples que nous allons placer sous leurs yeux les renseigneront à cet égard.

Une des meilleures lois, sinon la meilleure, qu'ait faites la Troisième République est la loi organique de 1871 sur les Conseils Généraux. C'est d'une grotesque copie de cette loi que l'on nous a gratifiés ici ! Qu'on en juge ! A côté des représentants élus de la population française, on a placé des *assesseurs musulmans* désignés par l'autorité ; et à ces délégués de l'Administration on a attribué les mêmes droits qu'aux élus du suffrage universel ! Ils prennent part à tous les votes, même à ceux dans lesquels l'Administration est mise sur la sellette. Comme ils votent toujours en bloc et qu'ils constituent la sixième partie de l'assemblée, ils transforment le plus souvent la minorité française en majorité ; c'est ainsi que grâce à eux le Bureau peut, cela s'est vu, ne pas représenter la majorité élue. C'est ainsi qu'il n'y a pas bien longtemps un Conseiller Général français s'est vu retirer la parole, à la suite d'un vote de la minorité élective transformé en un vote de majorité grâce à l'appoint des six voix musulmanes.

A l'époque où les Conseils Généraux vérifiaient eux-mêmes les pouvoirs de leurs membres, les assesseurs musulmans ne manquèrent jamais de déposer leur bulletin dans chacun des scrutins de validations des conseillers français ! C'est invraisemblable, mais c'est vrai ! Que la vérification des pouvoirs soit rendue aux Conseils Généraux, et l'on assistera encore à cette sinistre plaisanterie ! C'est pour avoir protesté contre de pareilles humiliations infligées au suffrage universel, qu'un Conseil Général, celui d'Alger, fut dissous.

Lorsque plus tard le même Conseil Général proposa de faire entrer par la grande porte de l'élection les mandataires des musulmans, le Gouverneur d'alors ne daigna même pas répondre à ce vœu ; officieusement, il voulut bien faire connaître cependant qu'il ne pouvait y donner suite, en raison de l'impossibilité de constituer un collège électoral pour des conseillers musulmans.

Voilà ce qu'est devenue, à l'usage de l'Algérie, l'une des lois fondamentales de la République ! Voilà comment l'on traite ceux qui protestent contre les mutilations de cette loi ! Voilà le cas que l'on fait des vœux d'un Conseil Général, qui ne peut admettre que, sous un régime démocratique, une population soit représentée dans une assemblée élective par des agents de l'Administration !

Nous venons de faire connaître le prétexte qu'invoqua le Gouvernement Général pour repousser le vœu du Conseil Général d'Alger relatif à l'élection des Conseillers Généraux musulmans. Quelques années plus tard, lorsqu'il fut décidé que des Indigènes figureraient dans les Délégations financières, on convint qu'on ne pouvait traiter cette assemblée distinguée comme de vulgaires Conseils Généraux ; des assesseurs, c'était bon pour ces derniers ! Mais au futur parlement algérien on ne pouvait envoyer que des élus ; et le collège électoral, impossible à composer quand il s'agissait de nommer des mandataires indigènes dans les Conseils Généraux, fut constitué dans les vingt-quatre heures. Nous noterons en passant que le Conseil Général d'Alger, à défaut du suffrage universel, avait proposé un collège accessible à toutes les catégories de la population ; on a vu à quel choix s'est arrêtée l'Administration Supérieure.

Ainsi donc, par l'introduction d'éléments complètement étrangers au suffrage universel, l'institution des conseils généraux a été ici complètement dénaturée dans son essence. On ne s'est pas contenté de la châtrer ; on a en outre refusé de lui constituer un budget légal. En effet, la part la plus grande des recettes des budgets départementaux est une *subvention* de l'Etat, que celui-ci peut graduer suivant le bon plaisir de ses agents ou que même il peut supprimer tout à fait, si ces derniers le jugent convenable. En réalité, cette prétendue subvention représente le contingent départemental de la population indigène, contingent que l'Etat perçoit en même temps que l'impôt général ; mais *légalement*, c'est une subvention ; ce qui permet de dire aux adversaires de la Colonie que les départements algériens vivent aux crochets de l'Etat et des Indigènes. Mais ce qu'il nous importe de retenir à ce sujet, c'est que le budget des Conseils Généraux de l'Algérie dépend de la bonne où de la mauvaise humeur de certains fonctionnaires. Se représente-t-on ce que peuvent bien être des départements sans budget légal ? Dans de telles conditions, les Conseils Généraux de la Colonie n'ont jamais eu aucun prestige aux yeux du public, et ce n'est pas le dédain avec lequel les Gouverneurs les ont toujours traités qui aurait pu les relever.

Nous supposons que nos concitoyens de la Métropole ne cacheront pas leur surprise, quand ils apprendront comment en Algérie on ridiculise, et sous l'œil de l'Etranger, les institutions françaises. Mais quelle sera leur impression quand ils sauront que du jour au lendemain, un Gouverneur peut faire appliquer à des citoyens français une juridiction du genre de celle des tribunaux répressifs indigènes ? La chose serait parfaitement légale, en effet, attendu qu'au point de vue de la légalité, la création de ces tribunaux est irréprochable d'après les plus savants légistes du moins, puisque l'Algérie est toujours soumise au régime des décrets (1). Il suffira donc qu'un Gouverneur obtienne d'une façon quelconque la signature d'un ministre de la Justice au bas d'une organisation de Commissions mixtes, par exemple, ou de toute autre justice sommaire, pour que nous n'ayons qu'à nous incliner !!

Pure hypothèse, va-t-on dire. Ce qui n'est pas une hypothèse, c'est le fait d'un Gouverneur mettant la ville d'Alger en état de siège, parce qu'un journal critiquait un peu durement une municipalité de l'ordre moral. Comme on pourrait croire à une plaisanterie de notre part, nous donnons le texte de l'arrêté :

---

(1) « Les établissements français dans les Indes orientales et *en Afrique* et l'établissement de pêche de Saint-Pierre-et-Miquelon continueront d'être régis par ordonnance du roi ». Art. 25 de la loi du 24 avril 1833.

Le Gouverneur Général de l'Algérie.

Vu la loi du 9 Août 1849,

Vu les attaques et les injures auxquelles certains journaux (1) se livrent journellement contre la municipalité d'Alger ;

Considérant qu'il importe de faire respecter ceux qui ont entre les mains les intérêts de la cité et d'assurer le fonctionnement de l'administration municipale, telle qu'elle est constituée en vertu de la loi, en prenant les mesures propres à mettre un terme à un état de choses qui trouble l'ordre et discrédite la colonie,

Arrête :

La commune d'Alger est déclarée en état de siège.

Alger, le 29 Mars 1874,   Général Chanzy.

Dans la Métropole, sera-t-on édifié maintenant sur ce qui se passe en ce doux pays ?

État d'Ame du Citoyen Français

De quel front les citoyens français supportent-ils une telle situation ? D'un front très calme, trop calme en vérité. Les temps sont loin ou derrière les Duvernois, les Watbled, les Thuillier, ils tenaient tête aux Gouverneurs militaires ; où, avec Warnier, ils rédigeaient les *Cahiers Algériens*, donnant ainsi un exemple de travail, d'énergie et de solidarité qui n'a plus été suivi depuis. Il ne faudrait pas leur demander aujourd'hui un acte de virile résistance comme aux jours des plébiscites de l'Empire. Si des circonstances analogues se présentaient, ils iraient au préalable prendre l'avis du Gouverneur ou de son entourage.

Après un épanouissement qui n'a duré que quelques jours, il semble que déjà notre jeune société soit sur la pente descendante. Déjà apparaissent chez elle les stigmates des vieilles sociétés. Qu'est-ce qui a pu si facilement et si vite avoir raison du caractère français ? Est-ce le soleil ? Un peu. Est-ce le contact des Orientaux, toujours prosternés devant le pouvoir ? Un peu aussi. Est-ce le voisinage de la cour des nouveaux Deys d'Alger ? Oh, oui ! et beaucoup ! Ils disposent en effet d'une telle autorité et de tels... fonds secrets, ces fonctionnaires qui « réunissent entre leurs mains toutes les attributions de dix ministres, vice-rois, presque rois » (Rambaud),

---

(1) Il n'y en eut qu'un seul, en réalité.

qu'il fait bon d'être compté parmi leurs très respectueux
féaux. De leur côté, pour se maintenir dans un poste qui est
semé d'embûches et hérissé de difficultés, les Gouverneurs
ont besoin de se créer des amis un peu partout et à n'importe
quel prix. C'est là la besogne de leur entourage et l'influence
de cet entourage est aussi pernicieuse que celle des cours des
autres potentats.

C'est surtout depuis quelques années que cette cour étend
sa désastreuse influence. L'encens emplit les rues et les
places, et malheur à celui qui n'applaudit pas le Maître ou
ne fait pas cortège aux thuriféraires. Aussi chaque jour enre-
gistre de nouvelles défaillances, car c'est de faiblesses que
vivent les pouvoirs forts. Ah ! Qui jamais eût pu penser que
la terre des victimes du coup d'Etat deviendrait la terre où
fleuriraient, à côté de l'olivier, les « pouvoirs forts ! »

Un de nos plus savants démographes s'est demandé si ce
n'était pas le puissant soleil d'Afrique, qui « avait desséché le
sang des grands et forts Romains. » A voir les effets du soleil
qui siège au palais des Gouverneurs, ne peut-on attribuer aux
rayons proconsulaires la décadence d'un peuple qui, au moment
du passage des Vandales, était à ce point affaibli que, à part
quelques unités perdues aujourd'hui dans les tribus, il a totalement disparu ?

Tout dernièrement les autonomistes, sous la conduite du
détenteur des dits « pouvoirs forts », ont donné l'assaut à nos
institutions départementales, que les anciens n'avaient con-
quises — en principe seulement, à la vérité, — qu'après vingt
ans de lutte. Si elles n'ont pas succombé, ce n'est pas grâce à
l'énergie et à la vaillance de leurs défenseurs, qui ont fait une
démonstration purement de forme ; c'est tout simplement
parce que les assaillants et leur chef ont eu peur de leur au-
dace. Un des conseillers généraux, qui avait brandi son grand
sabre lors de l'attaque, a été l'un de ceux qui ont versé les
pleurs les plus nombreux et les plus amers, lorsque le dit
chef s'est retiré sous sa tente.

Sous l'Empire, les sifflets sont partis tout seuls, quand
Napoléon III, à l'instigation des militaires et des curés, voulut
fonder le « Royaume arabe ». Reprise par un Gouverneur, la
même idée vient d'être accueillie avec la plus grande faveur,
sous un autre nom, il est vrai, sous celui de « territoires du
Sud ».

Il n'y a pas que la foule qui soit sous le charme des effluves grisantes de la Cour. Nos élus eux-mêmes n'échappent pas à l'ivresse générale. Les municipalités ont toutes un buste du Maître, devant lequel brûlent continuellement de petites chandelles ; et quand elles sentent le besoin de faire bénir leurs écharpes, ce n'est pas au Préfet, — pauvre petit fonctionnaire bien pâle dans le monde des constellations qui gravitent autour de l'Astre Majeur — ce n'est pas au Préfet, disons-nous, qu'elles rendent visite ; c'est au Dey.

Nos grands Elus eux-mêmes, nos Représentants aux Chambres sont figés dans la contemplation du préposé — fut-il l'opposite du précédent — à la garde et à la distribution des rayons du soleil d'Alger. Ils sont si occupés à le défendre et à chanter ses louanges, qu'ils n'ont pas le temps de raconter à leurs collègues de la Métropole ce qui se passe ici. En revanche, ils s'offusquent, s'indignent et brandissent leurs foudres, si un simple citoyen, qui n'est qu'électeur et contribuable, ose se mêler des affaires publiques et dire tout haut ce qu'il en pense.

Dans leur confite dévotion, ils ont trouvé très flatteur pour le suffrage universel que le Maître, laissant à la fripouille électorale le soin de voter pour les Conseils municipaux, pour les Conseils généraux, voire même pour la Représentation nationale, ait pour l'Assemblée distinguée — nous avons nommé les Délégations financières — désigné un corps électoral spécial, trié sur le volet.

Enfin, tout comme les Délégués financiers qui se sont pâmés d'aise lorsqu'un Gouverneur leur a fait connaître qu'ils auraient un « droit de regard » sur les territoires du Sud, ils sont charmés et ravis de la compendieuse façon dont on use ici de ce droit de regard. Nous ignorons l'époque à laquelle ce très rigoureux droit de contrôle a été introduit dans la comptabilité publique ; mais ce que nous savons, c'est qu'il a pris une bien grande place en Algérie. Le Parlement français, en effet, a le droit de regard sur les finances des Délégations algériennes ; celles-ci ont le même droit sur les « territoires du Sud ». Enfin les militaires de ces territoires vont avoir, s'ils ne l'ont déjà, le droit de regard sur le nez des parlementaires, lorsque ceux-ci seront invités à payer des notes de trente millions, pour frais de dernière expédition. Le cercle du droit de regard sera ainsi fermé ; il ne sera pas vicieux, celui-là, mais très moral et très amusant pour la galerie qui rira et... paiera (1).

____

(1) Le flirtage des Gouverneurs avec les militaires a coûté déjà pas mal de millions à la France. M. Tirman avait organisé de toutes pièces une

C'est aussi à l'influence de la cour beylikale qu'est due la malheureuse campagne menée par les conseils électifs de la colonie pour demander le maintien « de l'intégralité » du décret instituant les tribunaux répressifs indigènes. La mauvaise opinion qu'avaient de nous nos concitoyens de la Métropole ne reposait jusqu'à présent que sur des racontars ou sur des faits absolument exceptionnels ; elle reposera maintenant sur un argument réel. On eût excusé les colons qui, cédant à une exaspération légitimée de tous points, auraient décidé de courir sus aux pirates à coups de fusil ; on ne leur pardonnera pas d'avoir fait demander par l'intermédiaire de leurs élus — si tant est qu'ils l'aient fait — le maintien d'une parodie de la justice, pour se défendre contre les voleurs. Le seul argument sérieux qu'auront maintenant nos détracteurs systématiques, ils le devront à un Gouverneur et à son entourage qui, pour couvrir une faute — que personne n'aurait songé à leur reprocher, s'ils l'eussent réparée dès qu'on la leur a fait toucher du doigt — ont trompé l'opinion publique, en faisant accroire que le principe de la juridiction expéditive était menacé, alors qu'il n'était question que de sauvegarder la dignité de la justice rendue au nom du peuple français.

Il faut qu'on le sache bien ! Nos concitoyens de la Métropole ne s'en prendront pas aux instigateurs de la campagne ; ils jugeront, et très sévèrement, ceux qui ont poussé la complaisance vis-à-vis du Maître jusqu'à ne pas s'assurer de la réalité des faits contre lesquels on leur a demandé de s'insurger. Pour notre part, nous estimons qu'il est profondément regrettable que beaucoup de Français d'Algérie, et parmi eux peut-être les fils des proscrits qui ont passé par les commissions mixtes de l'Empire, aient donné le spectacle de républicains applaudissant à une nouvelle conception de justice sommaire. Dans leur ardeur à faire plaisir à un Gouverneur, ils n'ont même pas eu la perception qu'ils pouvaient, eux aussi, être traités un jour de la même façon !

C'est également la même influence qui a fait commettre aux Français d'Algérie une seconde grande faute que l'Histoire

---

expédition, qui était sur le point de se mettre en marche, quand sur la dénonciation de quelque envieux malveillant, elle fut arrêtée ; coût 12 millions. M. Laferrière a été plus heureux et a pu ceindre la couronne de laurier. Il a conquis quelques hectares de sable « où le coq gaulois devait chanter » paraît-il, et qui n'ont d'autre valeur que d'être des nids à conflits permanents et à coups de fusils et d'où partiront peut-être les flammèches qui mettront le feu à toute l'Europe. Coût 30 millions.

enregistrera sévèrement. Après avoir été nourris et entretenus pendant soixante-et-dix ans par la Mère Patrie, ils ont osé demander, lorsqu'ils ont vu s'approcher le moment où ils pourraient apporter leur contingent à la bourse commune, ils ont osé demander à faire caisse à part. Toutes les raisons que l'on a données et celles que l'on pourra encore fournir ne laveront jamais l'Algérie de ce crime d'égoïsme et d'ingratitude. On lui eût proposé la chose, qu'elle eût dû violemment la repousser ; à plus forte raison ne devait-elle pas en prendre l'initiative.

A vrai dire, cette affaire du « budget spécial » n'a pas été plus digne du côté des Chambres que du côté de l'Algérie. Si celle-ci, en entonnant, à l'exemple d'une nation à qui la reconnaissance ne pèse pas lourd non plus, en entonnant, disons-nous, chaque jour l'*Algeria farà da se*, a profondément attristé tous ceux d'entre nous qui estiment que le sentiment est aussi indispensable à la vie des peuples qu'à celle des individus, il n'y a pas lieu non plus de louer les Chambres qui, en prenant au mot des fanfarons et des ingrats, n'ont vu, à l'instigation de la bureaucratie centrale, qu'une bonne occasion de les rouler (que l'on nous pardonne cette expression vulgaire, mais très expressive et très appropriée). Il est entendu, au parlement, que l'on peut user de tous les procédés, quand l'Algérie est en cause ; soit ! mais dans le mépris, comme en toute autre chose, il est une limite.

Le mépris que l'on a dans la Métropole pour les Algériens — mépris qu'il est de bon goût de professer jusque dans les salons, où le cliché-scie des « colons vaillants pionniers de la civilisation » fait délicieusement sourire ces dames et ces messieurs — s'est accentué en ces derniers temps, à la suite des troubles dits anti-sémitiques. A ce moment, un syndicat, dont nous allons nous occuper plus loin, accusa, à propos de l'insuccès de l'une de ses manœuvres, les Français d'Algérie d'être un ramassis de manants, de mécontents de parti-pris, de fous furieux, de gens enfin à faire mettre à la raison par une poigne solide. D'un autre côté, le parti politique qui avait été battu dans plusieurs élections, mit le parti heureux au ban de la République. Enfin, les Juifs, affolés — nous voulons croire pour eux que leur accusation a été portée dans un moment d'affolement — dénoncèrent à la face du monde civilisé comme d'odieux sectaires religieux tous ceux qui avaient voté pour des députés anti-juifs.

Comme on voit, il y a eu et il y a encore des accusations pour tous les goûts.

Les Algériens, des mécontents de parti-pris ! N'apparaît-il pas, au contraire, que les uns ont fait preuve d'une patience vraiment admirable, et que les autres, ceux-là en beaucoup plus grand nombre, ont plutôt versé dans l'admiration et la vénération continues du pouvoir ?

Les Algériens, des réactionnaires, des adversaires de la République ! C'est enfantin, en vérité ! De ce qu'un collège électoral a donné la majorité à un homme dont le républicanisme était purement de circonstance, faut-il en conclure qu'il a déserté la cause républicaine ? Certes, au point de vue des principes, ce collège a commis une grande faute, cela n'est pas discutable ; mais ne voit-on pas tous les jours des tactiques de ce genre en politique ? Ne peut-on mettre aussi ce « coup de tête » sur le compte de l'exaspération provoquée par les incommensurables fautes de l'Administration et par l'aveugle répression finale des derniers troubles de la rue ? Ce qui nous semble démontrer que les électeurs de M. Drumont ont voulu tout bonnement affirmer leur mécontentement d'une façon aussi éclatante que possible, c'est que, par la suite, malgré les fautes les plus extravagantes de la part de l'Administration, malgré les maladresses insignes de quelques douzaines de « sauveurs de République », ils sont revenus donner leurs voix à un candidat franchement républicain, et le succès de ce dernier eût été certainement plus complet sans ces fautes et ces maladresses.

Les Algériens, enfin, seraient les sectaires d'une religion ! Il faut vraiment n'avoir pas passé vingt-quatre heures en Algérie pour avoir ajouté foi à une telle assertion. S'il y a un pays au monde où existe véritablement la tolérance religieuse, c'est assurément l'Algérie ; nulle part ailleurs, nous le proclamons bien haut, les idées ne sont aussi larges en matière de religion. L'accusation est donc sans fondement aucun ; elle n'en est pas moins perfide, et les juifs, en la répandant dans le monde entier, grâce à leurs puissants moyens d'action, ont fourni un bien grave argument à ceux qui ne les aiment pas.

En somme, aucune de ces accusations ne tient debout ; elles n'en ont pas moins cours en France, et l'accueil qu'on y fait à ceux qui viennent de la Barbarie ne laisse aucun doute sur l'opinion que l'on a d'eux. Qu'est-ce que nos Gouverneurs ont fait pour dissiper cette opinion ? A part leurs variations sur l'air du « vaillant pionnier de la colonisation », dont ils rient volontiers d'ailleurs quand ils sont rentrés dans les coulisses, ils n'ont jamais cherché à dissiper les injustes préventions, surtout les dernières, qui pèsent sur nous et nous ont si profondément déconsidérés aux yeux de la France.

Ils ont fait clamer bien haut qu'on leur devait la « pacification des esprits » ; (ils sont au moins deux, sans compter les
sous-ordres, à s'attribuer la victoire) ; du restant de leur devoir, ils n'ont eu que faire.

Quant à cette prétendue pacification, ils l'ont tellement
désirée qu'ils ont cru l'avoir réalisée ; mais c'est une profonde déception qu'ils ont préparée au Gouvernement français,
quand ils sont venus lui dire que « de l'ordre, ils répondaient. »
Il n'y a rien de pacifié du tout ; les troubles de la rue, dont on
va voir la véritable cause dans un instant, ne se reproduiront
peut-être plus ; mais quant à la pacification morale, tout est
à faire encore ; la même « incompatibilité d'humeur » entre
les Européens et les Israélites indigènes existe toujours aussi
vive qu'autrefois, peut-être même plus vive, depuis l'odieuse
accusation portée par ceux-ci contre ceux-là. Un seul Gouverneur, M. Jonnart, a osé dire, dans une circonstance officielle,
son sentiment sur le fossé profond qui sépare les uns et les
autres — on verra plus loin ses paroles — et peut-être se
serait-il employé à combler le fossé, s'il était resté ici.

Quoi qu'il en soit, la question juive n'est nullement résolue.
Le Gouvernement français, mal renseigné à ce sujet par les
Gouverneurs, encourrait une grande responsabilité, s'il se
bornait à fermer les yeux sur un danger, sous prétexte qu'il
n'existe pas. Dans l'intérêt même des Juifs, une solution est
indispensable — solution morale, suivant nous. — Qu'on ne
l'oublie pas !

Nous ne croyons pas nécessaire de pousser plus loin la démonstration ; la preuve que les régimes d'exception ont bien
gravement compromis les intérêts moraux et politiques des
Français d'Algérie est malheureusement trop évidente. Les
institutions de la Métropole tronquées et ridiculisées, l'absence des garanties primordiales de la vie sociale, l'abaisse-
ment des caractères, la situation morale du pays complètement faussée, tel est le résultat de ces régimes qu'a couverts
et que couvre encore le pavillon du « Gouvernement général
de l'Algérie ».

Ostensiblement inspirés et patronés, sous la royauté et sous
l'Empire, par le parti militaire et par le parti clérical catholique, les dits régimes ont eu, sous la Troisième République,
après une éclipse momentanée, une histoire qui vaut la peine
d'être racontée dans ses grandes lignes, en raison de l'enseignement qu'elle comporte. C'est ce que nous allons faire.

L'Exécution d'un plan

Etant donnée la mentalité particulière des jeunes Français d'Algérie, étant donnée l'énorme augmentation de la population étrangère, étant donnée la quasi certitude d'une absorption du corps électoral par l'élément étranger, tout commandait, aux cris d'alarme des assimilateurs, d'avoir à resserrer le plus étroitement possible les liens qui unissaient la France et l'Algérie, de ne donner à la colonie que des institutions rappelant celles de la Métropole, de montrer en tout, pour tout et partout la main et l'action de la France ; c'est absolument le contraire qui a été fait.

Au premier abord, on se demande quel vent de folie a soufflé sur les pouvoirs publics qui, les uns ont signé, les autres ont laissé signer les préliminaires de l'abdication de la France en Algérie. Il ne s'agit nullement d'un bouleversement des esprits ; il s'agit tout simplement de l'exécution d'un plan.

L'un des premiers actes en Algérie du Gouvernement de la Défense nationale avait été la suppression du Gouvernement Général ; un commissaire extraordinaire avait même reçu la mission de se rendre à Alger pour « sonner les funérailles » de ce rouage devenu inutile, les Français d'Algérie allant être appelés, comme leurs concitoyens de la Métropole, à jouir de l'intégralité de leurs droits de citoyens. Mais dès que M. Thiers arrive au pouvoir, un revirement s'opère. Un parti, que le 4 septembre a un moment désorienté, mais qui s'est ressaisi et qui commence à reprendre son influence d'autrefois, circonvient le Président de la République et, avec les militaires, demande le retour à l'ancien état de choses dans la Colonie. M. Thiers, qui est tout disposé à être agréable à ce parti mais qui doit aussi compter avec la Représentation algérienne, laquelle est hostile à ce retour, hésite pendant quelque temps, puis finit par proposer un projet transactionnel : le Gouvernement Général sera rétabli ; seulement il ne sera plus militaire, il sera civil.

La Représentation, de crainte d'une solution pire qui pourrait lui être imposée d'office, donne son acquiescement. Quant aux amis de M. Thiers, estimant que le point important est le rétablissement du poste de Gouverneur, ils adhèrent aussi, à condition toutefois que les premiers titulaires de l'emploi seront des militaires. Acceptés d'abord comme Gouverneurs civils, les généraux auraient toutes chances d'être bien reçus par les Algériens, quand ils se présenteraient plus tard comme Gouverneurs militaires, c'est-à-dire quand l'enseigne du régime serait de nouveau changée, ce qui ne pouvait manquer d'avoir lieu un jour ou l'autre. Il fut fait ainsi que le désirait le parti en question, et les deux premiers Gouverneurs civils furent un amiral et un général.

Non seulement il y avait à préparer les voies de l'avenir, mais encore il fallait avoir sous la main des hommes dévoués pour parer à un gros danger immédiat. Il était, en effet, certain que l'une des premières besognes de l'Assemblée Nationale serait l'élaboration d'une loi sur les Conseils généraux. Cette loi, d'après les dispositions de l'Assemblée, serait très probablement libérale et largement décentralisatrice, l'objectif étant l'autonomie départementale. Or, si une telle loi venait à être introduite en Algérie, c'en était fait de l'autorité et du prestige des Gouverneurs, qui n'auraient plus qu'à se croiser les bras, les Algériens faisant eux-mêmes leurs affaires intérieures dans les Conseils généraux. A tout prix, il fallait écarter cette menace.

Les deux premiers Gouverneurs sauvèrent la situation. Jusqu'en 1875, les assemblées départementales vécurent, en effet, sous un mode indéfinissable, qui était emprunté à deux décrets de Bordeaux, à la loi de 1871 et à une loi du 22 novembre 1872. En 1875, un décret promulguait enfin la loi organique de 1871 et les lois additionnelles qui l'avaient suivie, mais, on l'a vu, dûment expurgées et transformées. Il n'y avait plus rien à redouter de ce côté-là.

Du côté de la Représentation algérienne, il n'y avait pas à s'inquiéter beaucoup; il n'y aurait qu'à donner satisfaction aux désirs de ses membres et, au besoin, à aller au-devant de leurs moindres souhaits.

Les assimilateurs étaient plus à craindre; avec leur idée fixe, ils pouvaient, d'un moment à l'autre, remettre tout en question; il importait donc de les couler une fois pour toutes. Le « régime des Rattachements » vit le jour; on sait comment il finit. L'avènement des « pouvoirs forts » fut la conséquence de l'écrasement de l'assimilation.

Le parti, après ce succès qui lui ouvrait toutes les positions encore à conquérir, jugea le moment venu de s'affirmer ouvertement. L'inauguration d'un monument à Icheriden fut l'occasion choisie pour annoncer son existence et ses intentions, et le soin en fut confié au général chargé du discours d'apparat. Celui-ci s'en acquitta en des termes très simples et dépourvus de toute ambiguïté: « La présence de l'archevêque d'Alger affirme l'union du clergé et de l'armée pour la grandeur de la patrie ».

Il y avait à cette cérémonie le Gouverneur Général, des Conseillers généraux, des Conseillers municipaux et des colons. C'est à leur face, à la face de gens jugés probablement incapables ou indignes de s'unir pour la grandeur de la Patrie, que furent solennellement, officiellement pourrait-on dire, proclamées l'existence et l'action du syndicat clérico-militaire.

Une remarque, en passant. Dans sa conquête des « pouvoirs forts », le Syndicat a eu pour principal collaborateur une des sommités du parti républicain. J. Ferry, à son retour de Canossa, vint, en effet, déclarer devant le Sénat que l'Algérie étant de tous points comparable « aux Indes Anglaises et aux Colonies Hollandaises » *(sic)*, il n'y avait qu'à copier pour elle les institutions de ces pays. C'est à cet homme d'État, qui eut aussi à subir l'influence d'un autre puissant syndicat (celui des candidats concessionnaires des forêts de chênes-liège), c'est à ce démocrate que les républicains d'Algérie doivent les « pouvoirs forts » ! Sa bonne foi a été surprise, cela n'est pas douteux ; mais il n'en est pas moins devant l'Histoire l'auteur responsable d'une mesure qui a été et est encore soit un grave anachronisme, soit une grosse, très grosse erreur administrative et économique.

Une fois les « pouvoirs forts » conquis, le Syndicat eut sa besogne simplifiée. Tout d'abord le « Budget spécial » fut enlevé haut la main. Quelques années auparavant, il avait failli subir l'affront de la question préalable devant le Sénat. On ne peut dire que cette fois il y fut acclamé ; mais ce qui est certain c'est qu'aucun de ceux qui avaient criblé de leurs sarcasmes M. Tirman et son budget, n'eut le moindre geste de protestation.

Ensuite, on reprit l'ancien projet impérial du « Royaume arabe » qui, nous l'avons dit, fut voté d'enthousiasme par les deux Chambres, après quelques résistances purement de forme. Le « Royaume arabe » actuel n'est pas aussi vaste que le voulait l'Empereur ; mais comme il a été entendu que ses limites pourraient être modifiées à volonté — à la volonté du Maître — il y a lieu d'espérer qu'on lui donnera l'ampleur qu'avait rêvée sa Majesté. C'est, après avoir réalisé une des plus grandes pensées du règne impérial, le moins que puisse faire maintenant le gouvernement républicain, qui aura en outre, à aider les militaires à parsemer le territoire d'établissements religieux, car le seul qui y existe actuellement est évidemment insuffisant. Le Ministère de la guerre, qui l'a construit sur ses fonds, veut bien prendre part à de nouvelles dépenses de ce genre ; mais il entend qu'un autre Budget vienne l'aider dans sa très louable initiative.

Il est toutefois un point du programme qui n'a pu être rempli encore ; c'est le retour au régime militaire. La première tentative qui a été faite dans ce but n'a pas réussi, la population d'Alger ne s'étant pas prêtée à une combinaison, fort habilement agencée d'ailleurs du Syndicat ; voici dans quelles circonstances. En 1897, une sourde agitation, qui avait commencé dans les derniers mois de 1896, régnait à Alger contre les juifs. Malgré tout le mal que se donnait pour l'entretenir un jeune étudiant, que les foudres universitaires avaient marqué pour remplir ce rôle, elle menaçait de s'éteindre, lorsque l'agitateur incompris ou mal secondé eut enfin la bonne fortune d'être arrêté pour une cause banale quelconque et jeté en prison. Du coup, des soldats se groupèrent autour de lui et il devint leur chef. Un parti actif était enfin créé ; malheureusement, son chef n'avait aucune des qualités nécessaires pour le commandement et la direction d'un parti ; son prestige faillit même sombrer à différentes reprises, mais chaque fois l'autorité vint à la rescousse et fit tant et si bien que M. Max Régis put enfin ceindre son front de l'auréole du martyr.

On se contenta néanmoins de lui laisser seulement le soin de « chauffer » convenablement ses partisans, afin de les tenir prêts pour le moment psychologique ; puis, quand on jugea ce moment venu, on fit appel à une dizaine de personnages, qui ne prirent même pas la peine de cacher leur débarquement. Quelques jours après leur arrivée, les troubles dans la rue commençaient ; pendant quarante-huit heures, des magasins étaient pillés sous les yeux de la troupe et de la police absolument inactives. Puis, le troisième jour, les chefs de bandes ayant été préalablement embarqués ou mis à l'abri, la police se rua avec fureur sur tous ceux qui passèrent à sa portée ; en quelques heures, les prisons et des caves réquisitionnées pour la circonstance furent bondées. En même temps, la troupe occupait la ville, barrait les rues, interceptait toute circulation, s'opposant même à ce que les gens rentrassent chez eux. Malgré cette réaction ultra-violente, la population se refusa à regimber ; il n'y eut pas la moindre échauffourée, pas l'ombre d'une barricade ; le sang ne coula pas. Il fut enfin impossible de remporter une de ces grandes victoires, à la suite desquelles on peut jurer que l'on a sauvé la patrie et se faire décerner, en même temps que les honneurs du triomphe, la mission d'empêcher le retour d'évènements terribles.

L'auteur principal de ce lamentable échec, le chef de la police au Gouvernement Général, fut destitué et mis en demeure de prendre le bateau dans les vingt-quatre heures. On espère avoir un fonctionnaire plus intelligent la prochaine fois. Quant au jeune Max Régis, qui ne se douta jamais de la véritable cause de ses premiers succès populaires, il eut par la suite une fortune politique très mouvementée. Abandonné définitivement par le Syndicat, il n'a plus connu que l'adversité et s'est définitivement retiré de la lutte.

La militarisation du régime ne serait donc pour le Syndicat que partie remise ; mais là où le programme pourrait bien échouer, c'est sur le maniement du Budget spécial qui, suivant les prévisions de notre « *duplice* » devait être manipulé par ce bon Conseil Supérieur d'autrefois. Les autonomistes, avec leurs insatiables prétentions, sont venus se mettre en travers de l'exécution de la fin du programme, en faisant créer les Délégations financières. Tout ce que l'on a pu faire, ça a été d'obtenir le maintien du Conseil Supérieur très menacé et l'introduction d'Indigènes dans la nouvelle assemblée, comme on l'avait déjà obtenue pour les Conseils généraux. Si ces délégations sont conservées, les Gouverneurs militaires de l'avenir les dirigeront à leur guise, grâce aux délégués Indigènes, qui n'y ont été introduits que dans ce but ; si elles disparaissent, le Conseil Supérieur, toujours debout, sera là pour prendre leur suite et... la caisse.

Les alliés d'Icheriden n'ignorent pas qu'avec les autonomistes ils ont affaire à forte partie ; ils n'en ont pas moins confiance dans le succès de la lutte ; seulement c'est au-dessus de nos têtes que cette lutte aura lieu... Voyons quelles sont les positions des adversaires du Syndicat « de la grandeur de la Patrie » et quels sont leurs projets.

Les Positions des autonomistes et leurs projets

« On ne doit pas oublier que depuis 1900 un fait considérable est survenu qui a profondément modifié les rapports de l'Algérie avec la France... Les Députés et les Sénateurs n'ayant plus un centime de dépenses à inscrire à notre budget ni à en distraire un centime de recettes, doivent scrupuleusement s'abstenir de proposer des mesures qui y tendraient... Nous ne voulons plus d'un Gouverneur trop puissant vis-à-vis des Délégations et, par contre, trop faible vis-à-vis des Ministres métropolitains, qui peuvent le congédier à leur gré... Que pense-t-on d'un *statu quo* équivoque et commode qui fournit à la Représentation algérienne placée près des Ministres les moyens de pénétrer indirectement dans cette sphère des intérêts locaux, dont la loi du 9 décembre 1900 a prétendu cependant rigoureusement les écarter...? »

Ainsi s'exprime l'un des membres les plus autorisés et les plus écoutés des Délégations financières, ministre des finances tout désigné du futur parlement.

Un autre document non moins intéressant est le suivant :

« Considérant que dans l'intérêt de la Colonie, il convient de s'adresser aux enfants du pays ou à ceux qui y sont installés depuis longtemps pour peupler nos administrations ; considérant que pour bien veiller aux intérêts qui sont confiés aux divers fonctionnaires nommés, leur séjour constant dans la Colonie s'impose ;

« Les soussignés émettent le vœu

« 1° Que de préférence les fonctionnaires à nommer et dans tous les emplois soient pris parmi les Algériens ;

« 2° Que le lieu de leur résidence ne soit point hors de la Colonie, mais en Algérie. »

(Délégations financières — Séance du 29 mai 1902).

En d'autres temps, on trouverait très plaisante cette injonction faite aux membres du parlement d'avoir à bien s'assurer, avant de déposer une proposition quelconque, qu'elle ne contient ni en fait, ni en germe, ni dans ses conséquences les plus éloignées, l'ombre d'une disposition qui pourrait entraîner l'inscription d'un centime dans le Budget spécial. On trouverait amusante également l'interdiction signifiée à la Représentation algérienne de s'abstenir de toute intrusion dans la sphère des intérêts locaux. Nos représentants pourront faire tomber un ministère sur un minime article du Budget métropolitain ; mais de ce côté-ci de la Méditerranée, qu'ils ne s'avisent pas de demander le plus petit renseignement sur le Budget spécial. Et de ce gouverneur trop faible vis-à-vis des Ministres, il y aurait certes de quoi rire aussi. Oui ! en d'autres temps, cela serait risible ; mais non aujourd'hui. Et, il faut bien le reconnaître, le délégué financier qui parle ainsi et ceux qui demandent l'algérianisation du fonctionnarisme sont parfaitement logiques. Du moment où l'on est entré dans la voie de l'autonomie, ce n'est pas pour s'arrêter à mi-chemin ; tel est l'avis du délégué financier qui, on vient de le voir, a rappelé à ceux qui l'avaient oublié, qu'un « *événement considérable était venu profondément modifier les rapports de l'Algérie avec les Français.* » Il n'entend pas que l'on continue plus longtemps à faire jouer aux Délégations un rôle des plus humbles :

« La prétention est au moins singulière de vouloir river à perpétuité la seule assemblée élue que possède l'Algérie, les Délégations financières, à un rôle consultatif en matière de budget algérien...

« La France n'aura jamais rien à craindre des représentants légaux et loyaux de l'Algérie qui, tout en défendant les intérêts de leurs mandants, ne marchanderont pas à la Métropole ce qu'ils lui doivent de soumission et de respect.

« Mais si vous leur fermez la bouche, sous prétexte d'assurer un ordre que, de votre aveu, ils n'ont jamais pourtant troublé, comme il faut une voix à tout pays opprimé, c'est le peuple soyez-en sûr, qui criera dans la rue.

« Le passé et un passé récent vous répond de l'avenir sur ce point, prenez garde ! »

Voilà qui est parler net et clair.

Le temps est déjà éloigné où un Gouverneur saluait le décret instituant les Délégations financières et y voyait « l'aurore du self-gouvernement. » L'aurore levée, nous sommes en présence d'une forte citadelle, peu armée jusqu'à présent, mais qui renferme une garnison énergique, bien décidée à ouvrir les hostilités et à se faire tuer jusqu'au dernier homme, si on ne lui accorde la *Charte* promise en 1900.

Ces jours derniers, la menace du délégué financier a failli être mise à exécution. Ce n'est pas toutefois le peuple qui est venu crier dans la rue ou ailleurs ; c'est mieux que le peuple, c'est le dessus du panier de la population qui a manifesté aux cris non pas de : « Vive la Charte », mais aux cris de : « Vive Revoil ». Des dames du meilleur monde auraient aussi manifesté, paraît-il.

Nous sommes trop près de cet événement pour nous permettre de le juger. Nous croyons toutefois être en droit de nous étonner que des hommes d'ordinaire si calmes, si pondérés dans leurs mouvements et dans leurs paroles, aient fait explosion à propos d'une disgrâce, dont ils ignoraient absolument les motifs ; de nous étonner aussi que des démocrates aient cru être tombés aux abîmes, parce qu'un fonctionnaire ayant leurs sympathies venait à leur manquer. En démocratie, il n'y a personne d'indispensable et le fonctionnaire tant pleuré eût-il vingt fois sauvé l'Algérie — ce qui ne nous paraît pas être précisément le cas — qu'il n'y avait nullement lieu de saisir le Président de la République de ce qui n'était qu'une affaire administrative, et d'essayer de l'embarrasser, après l'avoir abasourdi d'interminables discours. Cette « profonde émotion » que l'on a essayé de faire partager à la masse, en lui représentant qu'elle avait été frappée dans la personne d'un fonctionnaire, est bien étrange en vérité ! Pour notre part, nous ne nous rappelons pas avoir vu les questions d'intérêt général les plus passionnantes soulever autant de colères dans le placide milieu bourgeois ; aussi, nous basant d'ailleurs sur des indices précis, nous demandons-nous si les autonomistes n'ont pas obéi à quelque suggestion du syndicat « de la grandeur de la patrie » pour lequel le dernier gouverneur avait les plus vives sympathies.

Que les autonomistes aient fait, sans le vouloir, le jeu du Syndicat ou qu'ils aient agi pour leur propre compte, que résultera-t-il de leur dernière manifestation ? Si le Gouvernement continue à vouloir fermer les yeux quand même, il devra obéir aux injonctions des autonomistes, c'est-à-dire supprimer tout ce qui reste du vieux jeu français en Algérie (1) et, pour se faire pardonner sa vilaine conduite vis-à-vis de M. Révoil, octroyer au plus vite la *Charte*, qui permettra au *Parlement franco-algérien* de proclamer la *constitution franco-algérienne*. Les citoyens franco-algériens voudront bien toutefois conserver de bonnes relations avec la France, à une condition cependant, c'est qu'elle enverra régulièrement la pension alimentaire qu'elle s'est engagée à payer. Quand on pourra se passer de la pension, le Parlement, qui ne sera plus qu'*algérien* tout court, verra en quels termes il pourra traiter avec la France.

Le Corps électoral algérien de l'avenir

Lorsque la nouvelle constitution battra son plein, quelle sera la composition de la population électorale ? De calculs établis avec toute l'exactitude possible en pareil cas, et reposant sur le taux d'accroissement des différentes parties de la population depuis quinze ans, il résulte que d'ici douze années cette population se composera de Français d'origine, pour une moitié et, pour l'autre moitié, d'Etrangers naturalisés dans la proportion de 2/5 et d'Israélites dans celle de 3/5 ; et avant qu'il ne s'écoule un nouveau cycle de douze ans, les Français ne seront plus qu'une faible minorité, 1/4 au maximum.

------

(1) L'Algérie a déjà *sa* banque d'Etat. Elle va, sous peu, avoir *son* timbre postal et *son* papier timbré.

Ces prévisions, que l'on a pu exprimer par des chiffres, ne seront très probablement pas sans soulever quelque incrédulité. Aussi venons-nous apporter d'autres chiffres, ceux-là officiels, puis qu'ils sont empruntés au dénombrement officiel de 1901. Il y a, en ce moment, en Algérie *287.921 Etrangers européens et 286.997 Français d'origine.* On lit bien : 288.000 Etrangers contre 287.000 Français ! Il n'est question ici que des Etrangers européens, car si à leur chiffre, on ajoute 26.201 Marocains ou Tunisiens, cela fait 314.202 Etrangers. Dans le département d'Oran, il y a 145.228 Etrangers européens contre 88.453 Français. Dans le chef-lieu de ce département, il y a 43.236 Etrangers contre 20.762 Français ! Que l'on n'aille pas croire qu'il y a des erreurs dans la reproduction de ces chiffres ; ils sont exacts, trop exacts, hélas !

Dans ce contigent étranger, nous avons compris les naturalisés, parce que, quoi que l'on ait dit de « leur état d'âme », ils ne seront, de très longtemps du moins, Français ni de cœur, ni d'esprit. Ils sont trop près de leur patrie d'origine pour l'oublier ; ce n'est pas, lorsqu'ils peuvent de leur patrie d'adoption apercevoir le clocher natal, que l'on doit leur demander de fermer les yeux pour ne pas le voir ; pendant de longues années encore, la plupart d'entre eux conserveront au pays des parents, des amis, des intérêts. Ils recevront chaque jour des concitoyens qui leur apporteront un écho du foyer familial, des mœurs, des usages, des traditions et de la langue du pays. Dans de telles conditions, n'est-ce pas utopie que d'exiger d'eux ce qui nous froisserait chez des Français habitant l'Espagne ou l'Italie ? D'ailleurs, depuis longtemps déjà ils ne se cachent nullement pour dire tout haut : « Nous ne sommes pas Français ; nous sommes Algériens ».

Ces naturalisés deviendront donc les maîtres des assemblées électives et occuperont la plus grande partie des fonctions publiques, sinon toutes ces fonctions, et cela dans un laps de temps qui ne dépassera pas cinquante ans. Déjà, en ce moment, au chef-lieu du département d'Oran, il y a *20.762 Français et 20.797 naturalisés.* Oui ! Déjà le corps électoral y est composé à parties égales de Français d'origine et de naturalisés ! N'est-ce pas véritablement effrayant ? (1). Entrevoit-on ce que

---

(1) Tel n'était pas l'avis d'un Gouverneur qui disait un jour, devant le Conseil supérieur : « Puisque nous n'avons plus l'espoir d'augmenter la population française au moyen de la colonisation officielle, il faut chercher le remède dans la naturalisation des Etrangers » (*sic*) !

Que l'on ne nous prête pas au moins des sentiments d'hostilité vis-à-vis

sera, dans un jour prochain, ce « prolongement de la France »,
avec une population qui comprendra une infime minorité de
Français et une majorité considérable dont feront partie des
naturalisés ayant conservé entiers leurs sentiments nationa-
listes et des Israélites n'ayant « ni les traditions, ni les mœurs,
ni le génie de notre race », ainsi que l'a constaté M. Jonnart,
trente ans après le décret Crémieux ?

La Fin de l'occupation française

La francisation des Étrangers et des Juifs pourra-t-elle être
l'effet du temps ? Admettons que, par un prodige encore sans
précédent, dans l'Histoire, la minorité française de l'avenir
arrive à absorber toute la population étrangère, naturalisée ou
non ; on devra nous concéder, en retour, que cet événement
ne se produira pas avant un siècle, en supposant que le mira-
cle s'accomplisse par de vertigineuses étapes. Or, d'ici là il se
passera très certainement en Europe de graves événements, à
la suite desquels le sort de l'Algérie sera mis sur le tapis. Lorsqu'à côté des Italiens du département de Constantine (45.000
actuellement), et de ceux de Tunisie (85.000 en ce moment
contre 24,000 Français) (1), il y aura ceux de la Tripolitaine
(puisque l'occupation de ce pays par les Italiens est, dit-on,
chose décidée), lorsqu'il y aura ainsi un groupement d'au
moins 2.000.000 d'Italiens sur 2.000 lieues de côtes, au Nord
de l'Afrique ; lorsqu'il y aura 7 à 800.000 Espagnols dans le
département d'Oran (145.000 aujourd'hui) et 200.000 Espagnols ou Italiens dans le département d'Alger (97.000 actuellement), que pourront bien peser dans la balance des diplo-

des Étrangers : ce serait complètement dénaturer notre pensée. Nous sommes d'avis que l'on doit continuer à se montrer largement hospitalier vis-
à-vis d'eux; mais nous estimons que c'est une grosse faute que de les naturali-
ser pour ainsi dire de force. La naturalisation ne doit pas être une charge
que l'on impose d'office, automatiquement comme on l'a dit : elle doit être
recherchée comme un honneur et n'être accordée que si l'on remplit des
conditions qui en font apprécier la valeur.

(1) Des banquiers siciliens, nous apprend un document officiel, envoient
de l'argent à leurs compatriotes italiens, établis en Tunisie, pour les aider
dans leurs travaux de culture Des banquiers encourageant des colons,
cela ne s'est jamais vu, pas plus en Italie qu'ailleurs. Ceux de Sicile ne sont
évidemment que des intermédiaires entre le roi Humbert et ses fidè-
les sujets.

mates les intérêts des quelques rares Français épars au milieu de ces populations, quand ces diplomates auront à appliquer le principe des nationalités ?

S'il s'agit d'une invasion à main armée, il y a beaucoup de chances pour que les Espagnols ou les Italiens envahisseurs n'aient pas à passer sur le corps de leurs ex-concitoyens ; et si l'envahisseur est d'une autre nationalité, nos amis, la chose est probable, lui feront bon accueil, ne serait-ce que pour n'avoir plus devant les yeux des gens auxquels on est redeva·ble d'un peu de reconnaissance. Quant aux Indigènes, à moins que l'on n'interrompe la série des fautes et des maladresses commises à leur égard depuis l'occupation, ils se lèveront comme un seul homme, pour aider l'Etranger à nous chasser. Ils ne feront que changer de maîtres, il est vrai ; mais ils auront satisfait leur haine contre nous.

En dehors des guerres ou des conférences diplomatiques provoquées par des événements quelconques qui se seront passés en Europe, il faut prévoir le cas où les Algériens « opprimés » — on vient de voir qu'ils le sont déjà ou bien près de l'être - appelleront une puissance quelconque à leur secours. Les assimilateurs, en parlant de cette éventualité, n'avaient, il y a quelques années, comme précédent historique à invoquer que celui du comte Boniface appelant les Vandales. Aujourd'hui ils en ont un plus récent ; dans celui-là, les défenseurs des opprimés n'ont même pas attendu qu'on les appelle.

Dans l'hypothèse, absolument invraisemblable, où nous nous sommes placé, à savoir qu'une très petite minorité de la population algérienne absorberait la majorité, nous avons dû supposer que cette minorité conserverait intacts ses sentiments d'affection envers la Patrie. Mais en présence des signes actuels, qui ne pourront que s'accentuer si l'on persévère dans la politique qui les a provoqués, n'est-ce pas un espoir chimérique ? Alors, quels sentiments vis-à-vis de la France pourra-t-elle bien infuser, cette minorité, aux populations qu'elle se sera assimilées ? Et en cas d'invasion, d'appel à l'Etranger par les néo-français, comme on les appelle, dans quelle force morale puisera-t-elle le courage de faire son devoir ?

Ce dénouement de l'occupation française en Algérie n'a pas, que nous sachions du moins, attiré l'attention de personne ; c'est du côté de la séparation que vont les craintes. Quelques-uns même, en présence des symptômes manifestes déjà existants, envisagent froidement l'échéance de cette séparation

comme une chose fatale ; eh bien ! on ne peut même plus
compter sur cette solution, si triste qu'elle soit. Dans le sombre
avenir que nous prépare l'autonomie, la scission serait
certainement un moindre malheur, car les sécesssionnistes
conserveraient peut-être avec la France de bonnes relations ;
mais cette séparation n'est pas possible par la raison que les
Algériens ne seront pas avant longtemps en état de lutter à
main armée contre une France qui aurait les mains libres au
moment de leur rébellion ; et, si les circonstances venaient
paralyser le châtiment, les rebelles ne tarderaient pas à tomber
sous la domination d'une puissance enropéenne, qui s'empresserait
de se substituer à la France et contre laquelle ils
seraient incapables aussi de résister. Il nous faut donc abandonner
jusqu'à l'idée d'une séparation plus ou moins amicale ;
c'est l'expulsion brutale qu'il faut désormais avoir devant les
yeux. Ainsi s'évanouira, après d'immenses sacrifices d'hommes
et d'argent, le rêve de ce grand patriote qui avait vu dans
l'Algérie « la dernière ressource de la grandeur de la France ! »

En présence de prévisions qui malheureusement ne sont
pas sans fondements sérieux, attendra-t-on le concours
de circonstances heureuses pour les déjouer ? Il serait véritablement
d'une imprudence extrême, d'une imprudence
qui atteindrait la folie, si l'on comptait sur le hasard pour
conjurer le danger. Et puisque l'expérience du passé est là si
concluante, puisque c'est aux régimes d'exception que nous
devons l'autonomie et puisqu'enfin l'autonomie nous mènera
fatalement au désastre final, ne pourrait-on enfin essayer, et
cette fois sincèrement le régime de l'assimilation aussi bien
pour les Indigènes que pour les Français ?

L'Assimilation des Indigènes

L'assimilation des Indigènes n'est-elle pas un rêve d'utopiste ?
Beaucoup le pensent, le disent et finissent par être convaincus
qu'ils sont dans le vrai. Il est regrettable qu'ils n'aient
pas pris la peine de lire ce que des hommes de grande science
et aussi de longue observation — car ceux-là ont vécu pour
ainsi dire de la vie intime des musulmans — ont écrit sur
cette question. De l'avis de l'un des plus autorisés parmi ces
érudits et parmi ces observateurs « le régnicole est plus près
de nous que le sujet d'une nation étrangère». Ism. URBAIN. —
Lorsque, comme Béhic, on a la bonne foi, à défaut d'ex-

périence personnelle, de prendre connaissance des écrits de ces hommes, on arrive à partager leur conviction et à conclure que le dogme du Musulman insociable a été inventé et propagé par ceux qui ont intérêt à isoler les Indigènes, à en faire une société séparée qui aura toujours besoin d'une administration spéciale.

On a voulu porter un jugement sur le peu de goût des Musulmans à désirer et à recevoir nos lois, en invoquant le nombre restreint des demandes de naturalisation. On eût dû, au préalable, rechercher les causes de cette abstention. Dans les conditions actuelles, le naturalisé n'est pas un renégat ; mais peu s'en faut. Placé entre la législation française qui lui est appliquée et la législation musulmane qui régit les autres membres de sa famille non naturalisés, il compromet en outre ses intérêts moraux et matériels ou en complique considérablement la gestion.

On a brodé ensuite sur les défauts incurables des Musulmans et sur l'incompatibilité du Coran avec la civilisation ; puis, la cause a été entendue. Il est évident qu'il est aussi absurde de ne voir chez eux que des prototypes « d'une race intelligente, fière et guerrière » que de n'y voir que des barbares irréductibles, des voleurs, des fourbes et des paresseux incorrigibles. La vérité est que l'on se trouve en face d'une race mineure, dont les défauts ont été exagérés par un long passé de servitude et d'oppression. Abandonnée à elle-même, elle ne fût pas sortie de la barbarie avant des siècles ; mais avec la France comme guide et comme éducatrice, ses progrès doivent être rapides, si on le veut sincèrement. Déjà, malgré nos innombrables fautes, des hommes de valeur et résolûment dévoués à la France sont sortis de son sein ; ils seront légion, quand enfin notre politique musulmane aura sa véritable orientation, car il n'y a aucune raison pour refuser à cette race d'hommes les bénéfices de la loi générale de perfectibilité de toutes les races humaines. Quant au prétendu fanatisme irréductible qu'elle puiserait dans le livre sacré de l'Islam, il n'y a qu'à opposer le passé ; les pages que les Arabes coraniques occupent dans l'Histoire ne sont pas les moins brillantes ; il n'y a qu'à opposer l'état de civilisation de certaines populations musulmanes actuelles, telle l'Anatolie ; il n'y a enfin qu'à opposer le Coran lui-même.

Au surplus, les musulmans qui nous entourent ont deux grandes qualités : ils sont courageux et ils ont le sentiment de la justice poussé jusqu'au fanatisme. Quand un peuple possède ces deux qualités, il y a peu à faire pour le relever.

Dans la population conquise, il y a, cela n'est pas douteux, une masse qui ne demande pas mieux que de venir à nous. Mais pour que ce rapprochement ait lieu, il faut abandonner la voie des tâtonnements, des hésitations, des demi-mesures, des décisions obscures, des reculs après quelques pas en avant. Il faut que l'on adopte une ligne de conduite absolument nette, précise, dégagée de toute arrière-pensée et compréhensible pour les intéressés ; il faut surtout combler l'abîme qui sépare les deux peuples et que quelques-uns veulent de plus en plus profond. Ce n'est pas en accumulant entre eux deux des institutions différentes que l'on préparera le rapprochement.

Cette masse sentant enfin ce que l'on attend, ce que l'on veut d'elle, assurée qu'elle peut avoir une confiance aveugle dans les promesses du Gouvernement français, sûre de trouver un appui immédiat et solide auprès des représentants de ce gouvernement, ayant enfin des mandataires réels auprès des pouvoirs publics, n'écoutera plus les mécontents et les prêcheurs de guerre sainte.

Ce n'est pas elle qui élèvera des protestations au sujet du respect de la capitulation de 1830, quand il s'agira de donner satisfaction à l'intérêt général ; quand nous jugerons convenable de lui appliquer nos lois, elle ne fera pas entendre le *non possumus* de ces faiseurs de pétitions, qui veulent bien accepter ce qui leur plaît dans notre législation, mais qui entendent que l'on ne touche pas, si peu que ce soit, à leur arche sainte ; et elle laissera se lamenter à leur aise et se livrer à leurs objurgations les Grands Chefs, les Petits Chefs, les Cadis, les Khouans, qui sentent bien que leurs beaux jours s'en iront avec la venue de la loi française.

Nous ne dirons pas que c'est la reconnaissance qui la jettera dans nos bras ; n'escomptons pas ce beau sentiment, aussi rare aujourd'hui chez les musulmans que chez les autres peuples ; mais comptons sur *l'intérêt*, ce puissant mobile des hommes et des nations.

Chaque année, l'on parle aux Chambres de l'importance extrême qu'il y a pour la France à maintenir son influence séculaire en Orient. Il ne nous appartient pas d'apprécier la valeur des moyens employés jusqu'à présent ; mais il nous sera permis de dire que le jour où le Musulman d'Algérie bénira et vénérera le nom de la France, ce nom, celui de la Nation Juste sera de bouche en bouche transmis jusque dans les réduits les plus reculés de l'Islam ; il se répandra, comme la lumière et aussi rapidement qu'elle jusque dans les recoins les plus obscurs des pays musulmans où, là aussi, il sera respecté et vénéré.

Revenant à nos sujets musulmans de l'Algérie, nous dirons que pour le moment nous devons nous borner à les transformer, à en faire de bons voisins, des associés sincères. Ce n'est pas, lorsque de nombreuses et insignes maladresses les ont rendus méfiants au point qu'ils repoussent même les quelques bienfaits qu'on leur offre, qu'il faut songer à leur présenter notre législation ; mais vienne le jour où sans réserves ils accorderont leur confiance à la Nation Juste, ce jour-là l'unité de législation sera faite, sauf peut-être en ce qui regarde le statut personnel. L'assimilation morale et civilisatrice sera ensuite l'œuvre du temps. Ne parlons donc pas d'assimilation en ce moment ; mais gardons le mot et ayons la chose pour objectif.

Que si, après l'essai sincère d'un programme de rapprochement, l'Indigène persistait à s'éloigner de nous, à nous tenir en défiance, à repousser la main que nous lui tendrions loyalement, à troubler la paix, il n'y aurait pas à hésiter. Il faudrait l'abandonner à son ignorance, à sa paresse et à ses exploiteurs de tous genres, et le mettre hors d'état de nuire à la colonisation ; les moyens les plus extrêmes seront alors justifiés. Mais la France n'en viendra pas là ; après la conquête par les armes, qu'est-ce pour elle que la conquête morale ? Avec cent Juges de paix choisis parmi des hommes d'expérience et cent médecins dévoués et convaincus de leur mission, cette conquête, avons-nous dit depuis longtemps, sera l'affaire de quelques années seulement. (1)

---

(1) On ne peut plus argner aujourd'hui, comme on l'a fait jusqu'à présent, du manque d'argent. Avec les 760.000 francs nouvellement votés et les 70.000 francs qui existent dans certains chapitres, l'Administration a actuellement une somme de 830 000 francs à sa disposition. Quand elle aura terminé les constructions dont on reconnaîtra la véritable urgence, ces 830.000 francs resteront entiers d'ici deux ou trois ans. Avec cela, il serait possible d'entreprendre et de mener à bien les missions de justice et d'assistance dont il vient d'être question. Nous parlons au conditionnel et non au futur, car nous ne nous faisons aucune illusion à cet égard. Nous avons bien souvent, pour notre part, entendu des Gouverneurs promettre — de bonne foi, cela ne souffre pas le doute — de « pencher leur cœur » vers les Indigènes ; et chaque fois que le rideau tombait sur l'interpellation, un vent s'élevait qui emportait les promesses. C'était qu'il fallait faire face à des dépenses *indispensables*, mais non prévues parce qu'*on ne peut pas* les porter en prévisions. Ainsi, actuellement ne va-t-il pas falloir continuer à boucher les trous que l'on comblait avec les 700.000 francs de la propriété indigène ? Où prendra-t-on l'argent ?

L'Assimilation des Français d'Algérie

Touchés par le sort du peuple vaincu, les pouvoirs publics et les hommes politiques vont au plus tôt prendre des résolutions énergiques. Serait-ce trop exiger d'eux que de les prier de s'intéresser en même temps au sort du peuple vainqueur ? Le temps ne serait-il pas venu d'assimiler enfin les Français d'Algérie à ceux de la Métropole ?

Mais n'ont-ils pas eux-mêmes demandé les « Pouvoirs forts » et les institutions autonomes ? Oui ! ils ont voulu, du moins la grande majorité d'entre eux, la situation actuelle ; mais encore faut-il savoir comment et pourquoi ils l'ont voulue. Après avoir, véritables sujets d'expériences, passé par de nombreux régimes tous différents les uns des autres, las de vivre constamment dans l'incertitude du lendemain, ils ont ajouté foi aux paroles de ceux qui sont venus leur promettre la fin de leur maux et la réalisation de leurs vœux ; et, comme des désespérés, ils se sont accrochés à ce qu'ils ont cru être une planche de salut. Une habile agitation créée par les hommes d'affaires a achevé leur conviction.

Maintiendrait-on même cette objection, en la croyant fondée, qu'on ne serait pas autorisé pour cela à détacher ses regards de l'avenir qui se prépare et dont les premiers linéaments se dessinent déjà et en traits si précis que l'hésitation n'est pas possible un seul instant. Il n'est personne qui se permette de mettre en doute le patriotisme des promoteurs de l'autonomie ; mais ceux-ci peuvent-ils se porter garants que leurs successeurs dirigeront les événements et en resteront les maîtres, alors que déjà se manifestent chez des citoyens français des signes non équivoques de désaffection à l'égard de la Mère Patrie ?

Il n'y a donc pas à hésiter, les Délégations financières doivent disparaître. Les maintenir dans les conditions actuelles, c'est leur imposer un rôle humiliant, de l'aveu même des membres de cette institution, car en réalité elles ne sont là que pour endosser les volontés et les comptes, fantaisistes quelquefois, du Maître. D'un autre côté, leur donner les attributions que réclament les autonomistes, c'est à n'en pas douter courir au devant de la catastrophe finale.

La Chambre algérienne est, à la vérité, utile en ce sens qu'elle permet à de nombreuses capacités et intelligences qui resteraient ignorées, — le nombre de places au Parlement métropolitain étant trop limité, — de se produire et de se faire connaître sous les yeux d'un Maître habile à distinguer le talent et le dévouement ; mais, malgré ces avantages précieux, nous estimons que la destinée du futur Parlement doit être étouffée dans son œuf.

Si l'on arrête la dangereuse expérience de l'autonomie (1), va-t-on, devant le spectre — que l'on ne manquera pas d'agiter — des questions complexes, des difficultés que présente l'administration de populations hétérogènes, de la nécessité d'une direction unique, etc., etc., va-t-on revenir à une autre forme de régime d'exception, à un gouvernement général quelconque ? Que quelqu'un d'autorisé et sans idées préconçues se fasse donc présenter ces prétendues complexités, difficultés et nécessités. Quand il les aura débarrassées des ornements oratoires et des renseignements inexacts dont on les entoure, il aura tôt fait de ne plus trouver devant lui que des légendes, qui datent de 1830 et que les personnes intéressées à les faire passer de générations en générations entretiennent avec grand soin.

Au surplus, dans quel esprit a pu germer cette idée de faire vivre en bonne intelligence des institutions d'origine et d'essence opposées, les pouvoirs d'exception et le régime de Droit commun? L'expérience a démontré ce que le gros bons sens avait prévu, à savoir qu'il y a incompatibilité absolue entre les uns et les autres ; c'est folie, en effet, que de vouloir les faire vivre côte à côte.

Ou tout l'un ou tout l'autre. Si le régime d'exception doit être maintenu, qu'on laisse le champ libre aux Gouverneurs ; qu'on les débarrasse de tout ce qui est électif; qu'ils aient enfin l'entière responsabilité de tout ce qui se passera. Si c'est le Droit commun, qu'il soit à son tour débarrassé de son tuteur. Mais, pour Dieu, que l'on soustraie l'Algérie aux combinaisons auxquelles se livrent, sous le couvert du Gouvernement général de l'Algérie, les Députés et les Sénateurs algériens d'une part et le Gouverneur de l'autre. Les compromissions consenties des deux côtés, — par les uns pour avoir leur liberté

---

(1) Ce qui ne soulèvera peut-être pas de grandes protestations, attendu que les partisans de l'*Algeria farà da se* déchantent un peu en ce moment (leur deuxième budget qui devait se solder par 2 ou 3 millions d'excédent, se soldant en définitive par 600.000 francs de déficit).

Dans la séance du 4 avril dernier, M. le Gouverneur a dit que les deux premiers budgets s'étaient soldés par des excédents Les chiffres sur lesquels nous nous basons pour dire que le second budget est en déficit, ont été empruntés au journal officiel, au *Mobacher* du 18 février. Comme ce journal n'a publié aucune rectification jusqu'à ce jour, nous croyons devoir maintenir le chiffre de 600.000 francs.

d'action dans leurs départements ; par l'autre, pour avoir la paix et gagner aussi tranquillement que possible ses appointements, en attendant une ambassade ou toute autre compensation, — produisent des situations, comme celle dans laquelle se débat l'Algérie depuis 1830, mais surtout depuis 1870. Avant cette époque, le régime était dur, mais au moins l'on savait à quoi s'en tenir ; on connaissait qui l'on avait devant soi ; tandis que depuis 1870 c'est la confusion des pouvoirs et l'irresponsabilité du haut en bas de l'échelle administrative. Et nous défions bien tous les Gouverneurs de l'avenir, fussent-ils une nouvelle incarnation de la divinité, de changer la situation, si les conditions actuelles sont maintenues.

Que l'on parcoure d'ailleurs la longue liste des Gouverneurs qui se sont succédé ici depuis 1871 seulement, et que l'on dresse le bilan de chacun de ces représentants des régimes spéciaux ; l'on éprouvera une profonde surprise à ne rien trouver à leur actif, à moins que l'on ne veuille porter à leur compte la rotation de la terre et la succession des saisons. (Une exception — mais c'est bien la seule — doit être faite en faveur de A. Grévy, qui rattacha d'un seul coup un million d'indigènes au territoire civil). Pourtant tous ces fonctionnaires étaient incontestablement des hommes de grande valeur ; la plupart comptaient un brillant passé. Ils sont venus s'user ici et sont tous partis à la dérobée ou en disgrâce ou sous des prétextes mystérieux. On ne devra pas oublier non plus que ce sont eux, même ceux d'entre eux dont les tendances étaient franchement assimilatrices, qui ont préparé l'avénement de l'autonomie. Fatalement, leurs successeurs feront comme eux.

Est-il besoin de dire aussi que la stabilité des institutions est une des premières conditions de l'existence et de la prospérité d'un pays ? Or, ce n'est pas en allongeant indéfiniment la série des gouverneurs (l'Algérie est à son onzième gouverneur depuis 1871) que l'on nous donnera cette stabilité indispensable, puisqu'aucun programme stable n'est imposé à ces fonctionnaires et que chacun d'eux apporte en débarquant sinon un régime différent, du moins un système différent et surtout des idées personnelles différentes de celles de ses prédécesseurs. Nos vieilles institutions de la Mère Patrie ne sont certes pas l'idéal ; mais elles ont au moins le mérite de la stabilité. De plus, elles ont fait l'unité de la patrie ; qu'elles nous rendent d'abord cet immense service ; après cela, on verra.

Avons-nous aussi besoin de rappeler cette vieille formule, vieille mais toujours vraie : que l'on ne gouverne bien que de loin et que l'on n'administre bien que de près ? C'est pour avoir confondu ces deux termes, gouvernement et administration, que l'on a fini par créer ici cette situation qui ne peut être traduite que par un seul mot : le gâchis.

Que l'on nous gouverne donc de loin, loin des passions et des coteries locales, c'est-à-dire de Paris, où nos intérêts généraux sont représentés devant les Chambres. Quelques adjonctions aux différents Ministères suffiront pour que le côté spécial de l'Algérie y soit aussi représenté.

Quant à être administrés sur place, nous avons tout ce qu'il faut pour cela : des préfets responsables assistés de Conseils généraux et à côté de ceux-ci des Chambres de commerce et d'agriculture (1). Débarrassés de la tutelle du Maître, n'ayant plus à tenir compte d'une haute direction qui étouffe leur initiative sous prétexte de réglementer et « d'unifier » leurs efforts, les départements, devenus majeurs, donneront le spectacle d'une émulation féconde, au plus grand profit de l'Algérie.

De la colonisation, les Conseils généraux sauront s'occuper avec autant de dévouement et d'intelligence que les assemblées les plus supérieures, *dirigées* par un fonctionnaire irresponsable, absolument irresponsable ; et il y a tout lieu de croire que sous leur contrôle on ne verra plus l'installation d'un colon coûter 25.000 francs à l'Etat.

Quant aux questions d'intérêts communs aux trois départements de l'Algérie, il n'y aura qu'à mettre en vigueur les réunions interdépartementales prévues par la loi de 1871 (2).

------

(1) La création des Chambres d'agriculture est due au dernier Gouverneur, qui a eu le très grand mérite de ne pas s'arrêter, comme ses prédécesseurs, à des considérations de second ordre, pour donner satisfaction à un vœu émis depuis longtemps. Nous avons assez critiqué ce fonctionnaire, pour que nous ne nous considérions pas comme obligé de porter ce progrès à son actif.

(2) Dans la loi de 1871, il y a une disposition qui, si elle n'existait déjà, devrait être votée exprès pour l'Algérie : c'est celle qui a institué les réunions interdépartementales. Il n'est pas douteux que les assemblées de ce genre eussent suffi pour traiter toutes les questions intéressant les trois départements. Mais alors elles auraient fait double emploi avec le Conseil supérieur des temps passés, avec les Délégations financières actuelles, et l'existence de ces deux dernières assemblées aurait pu dès lors être mise en discussion. Aussi les propositions émises en vue d'expérimenter les réunions interdépartementales furent-elles toujours énergiquement combattues par les Gouverneurs. Ceux-ci firent avorter deux demandes de convocation et quant à la seule réunion qui eut lieu, on manœuvra de façon à ôter aux plus fervents partisans de ces assemblées l'envie de provoquer de

Dans leurs Gouverneurs, les Algériens perdront, il est vrai, des avocats officiels de grande influence et qui ont toujours eu l'oreille des Chambres, pour peu que leurs boniments aient été bien tournés, imagés et « inspirés du plus pur patriotisme ; » les colons perdront des défenseurs zélés, zélés au point de les défendre même et surtout quand ils ne sont pas attaqués du tout ; mais, malgré d'aussi précieux avantages, nous croyons, pour notre part, que nous n'aurons qu'à gagner à avoir tout simplement nos pairs comme porte-parole. L'Algérie pourra d'autant mieux compter sur ses mandataires qu'ils n'auront plus à ménager le maître de ses destinées ni à s'inspirer des désirs de celui-ci.

Au sujet des Étrangers, nous avons déjà dit ce que nous pensions de leur naturalisation automatique. Nous devons certes continuer à entretenir avec eux les meilleures relations et à accueillir largement leurs concitoyens nouveaux venus ; mais il faut au plus tôt demander la suppression pour l'Algérie de l'article de la loi de 1889 relatif aux effets du recrutement militaire. Après l'élection de M. Drumont, les naturalisés ayant été soupçonnés d'avoir voté en masse pour lui, on a agité cette suppression ; mais depuis le succès de son concurrent aux dernières élections, le silence s'est fait autour de ce sujet, des engagements ayant été pris d'ailleurs par le nouvel élu. Ainsi, dans une aussi grave question, le point de vue électoral seul a été envisagé. Quant à l'avenir de l'Algérie française, on verra à s'en occuper plus tard et si on en a le temps !!

Mais tous les arguments ne sont-ils pas superflus, quand il s'agit de l'Algérie ? Pour nos hommes politiques, pour tous ou à peu près tous, la question algérienne se réduit à ces deux points : Conserver à Alger le poste de Gouverneur, qui est le meilleur des bureaux de placement pour ceux de leurs courtiers électoraux qu'on ne peut, en raison de leurs tares, caser dans la Métropole (1) ; — Avoir le moins possible de relations avec

---

nouvelles convocations. Au surplus, la majorité des Conseillers généraux, de peur de déplaire au Maître et à son Conseil Supérieur, s'est montrée peu enthousiaste de cette application de la loi de 1871, donnant la préférence à ce dernier Conseil, qui avait autrement de prestige qu'une simple réunion de délégués des trois Conseils départementaux.

(1) Ce qui est véritablement plaisant, c'est de voir ces clients assidus et encombrants du bureau de placement tonner contre l'extension du fonctionnarisme en Algérie et contre l'immoralité des fonctionnaires.

l'Algérie, ne pas entendre parler de la pelée, de la tondue, de la galeuse, dont la moralité effarouche la pudibonde Métropole où, comme on sait, la plus pure vertu est de rigueur. Eh bien ! alors, puisqu'il n'y a plus place aujourd'hui pour le bon sens, voici ce qu'il nous reste à dire à ces hommes politiques :

« Vous vous f,..... de nous, Messieurs, pour employer le terme dont vous vous servez, quand on vous parle de l'Algérie et des Algériens, et vous riez du bon tour que vous nous avez joué en nous donnant les « pouvoirs forts » et le budget spécial. Eh bien ! vos successeurs ne riront certainement pas et seront en droit de rechercher vos noms le jour où deux ou trois Puissances seront installées sur la rive Sud Méditerranéenne, depuis Gibraltar jusqu'à Alexandrie et où nos navires ne pourront s'aventurer sur l'ancien lac français (*Mare nostrum*), sans en demander humblement la permission à l'une de ces Puissances ».

ANNEXES

Quelques opinions sur l'assimilation de l'Algérie à la France

De Tocqueville, 1847. — .. .. Aujourd'hui, il suffit de bien montrer l'objet final qu'on a en vue. Nous ne devons pas nous proposer en Algérie la création d'une colonie proprement dite, mais l'extension de la France elle-même au delà de la Méditerranée. Il ne s'agit pas de donner naissance à un peuple nouveau, ayant ses lois, ses usages, ses intérêts et, tôt ou tard, sa nationalité à part, mais d'implanter en Afrique une population semblable en tout à nous-mêmes. Si ce but ne peut pas être atteint immédiatement, c'est du moins le seul vers lequel il faut constamment et activement tendre.

Maréchal Niel, 1853. — On ne saurait nier qu'une loi générale, dont la tendance et les effets se révèlent à chaque instant, nous porte, même à notre insu, à rapprocher davantage le pays conquis et l'administration des indigènes, des lois et des coutumes de la Mère Patrie.

..... N'oublions jamais que chaque réforme doit se faire suivant cette loi, sous peine de nous éloigner de notre but et de nous faire dévier à l'aventure dans une direction où nous manquerions de boussole pour nous guider.

..... Il faut, en effet, qu'en arrivant sur cette terre nouvelle, le colon trouve autour de lui des institutions qui ne laissent place aucun doute sur l'avenir, et lui permettent de se livrer en toute sécurité aux labeurs et à l'exploitation du présent.

Jérôme Napoléon, 1858. — Ce que nous devons craindre, est l'absorption des forces individuelles par la puissance collective; c'est a substitution du Gouvernement au citoyen pour tous les actes de la vie sociale; c'est l'affaiblissement de toute initiative personnelle sous la tutelle d'une centralisation exagérée...
Une double centralisation à Paris et à Alger est un grave inconvénient et un obstacle réel à la bonne exécution des affaires.

.....L'Algérie ne peut être assimilée à aucune des possessions étrangères. Dans l'Inde, le Gouvernement s'exerce par l'intermédiaire des chefs indigènes, en éloignant la colonisation. Aux Etats-Unis, l'établissement des Européens s'est fait par l'extermination et l'expulsion des Indiens. Rien de semblable ne peut se faire en Algérie; nos difficultés sont beaucoup plus grandes.....

.....Dans les territoires militaires, des chefs arabes exercent, sous l'autorité supérieure des généraux, une autorité que nous devons amoindrir et faire disparaître. Notre but doit être de dégager l'action individuelle et de substituer à l'agrégation de la tribu la responsabilité, la propriété et l'impôt individuels, de manière à préparer efficacement les populations à passer sous le régime civil.....

Dans les territoires civils, il faut faire cesser la tutelle étroite qui est exercée par le pouvoir sur les intérêts et sur les personnes ; le moment est venu d'accorder à l'autorité locale une action plus libre et plus directe, en lui permettant d'administrer avec plus d'indépendance, et par là même avec plus de responsabilité. ...

.....Gouverner de Paris et administrer sur les lieux en divisant l'Administration comme je viens de l'indiquer, tel est le système qui me paraît le plus propre à contribuer au prompt développement de la prospérité de nos possessions du Nord de l'Afrique. Les hommes d'Etat qui ont étudié depuis vingt ans la question algérienne se sont montrés à peu près unanimes pour indiquer le but, alors même que l'opportunité n'était peut-être pas encore venue, comme elle l'est aujourd'hui..... Dans cet ordre d'idées, V. M. reconnaîtra que la centralisation des affaires à Alger, par un Gouvernement Général, devient un rouage inutile.....

.....On s'oublie dans l'exception ; les vrais principes s'oblitèrent et il faut, plus tard, de grands efforts pour revenir au droit commun. Si cette tâche devait se limiter dans les territoires civils au profit des Européens seuls, l'admission des races indigènes à notre civilisation se trouverait indéfiniment ajournée ; les territoires militaires constitueraient bientôt un pays et une société à part. Cela ne doit pas être ; cela ne peut pas être. »

.... Les attributions des préfets en Algérie ne sont même pas celles de leurs collègues de France, avant le décret de décentralisation de 1852. Réduits à des pouvoirs sans portée, obligés à des référés continuels, même pour les cas les plus simples, les préfets algériens se trouvent emprisonnés dans un système où l'on écrit sur tout et où l'on ne prend de décisions sur rien. Une pareille situation enlève à ces administrateurs le juste prestige qui devrait s'attacher à leurs fonctions, énerve leurs forces, donne à l'Administration, en général, des habitudes funestes d'atermoiement et aboutit à l'impuissance.

De Chasseloup-Laubat, 1859. — .....L'Empereur a pensé que le moment était venu d'étendre à l'Algérie une partie des bienfaits de notre organisation intérieure, et que c'était donner le plus puissant des encouragements aux Français qui voudraient y porter leur fortune, leurs industries, y fixer leurs familles, que de leur montrer qu'ils y retrouveraient leur patrie tout entière.

A. Béhic, 1869. — ..... Mais la Commission reconnaît que ces régimes (les régimes proposés) dépourvus des garanties dont l'esprit français se montre de plus en plus jaloux, doivent subir de profondes et prochaines modifications, et faire place à une organisation fondée sur le droit commun et sur la loi... Non seulement, nous ne repoussons pas l'espérance de voir, dans un temps plus ou moins éloigné, l'Algérie rentrer tout entière sous l'empire du droit commun et du régime civil, mais nous avons pris les mesures pour que les progrès de ce régime fussent continus et persévérants. La marche en avant pourra être lente ; mais du moins ne s'arrêtera-t-elle jamais...

Bertholon, 1868. — Après l'essai de tant de décrets formant une législation mobile, contradictoire, arbitraire, il est temps d'avoir recours au système qui repose sur l'idée la plus simple et la plus raisonnable : l'assimilation de l'Algérie à la France par l'application de la loi française. sans autres exceptions que celles qui sont absolument commandées par la force des choses. Jusqu'à présent l'exception a été la règle : c'est le contraire qui devrait être.

Warnier, 1870. — Si, comme le veut la France, l'Algérie doit être une extension de la Métropole au-delà de la Méditerranée, si elle doit être principalement peuplée de Français, il est de la dernière évidence que sa constitution doit se rapprocher le plus possible de celle de la France, si elle ne doit être la même. Quelques tempéraments, il est vrai, sont nécessités par la différence d'âge, de position géographique, de climat, par le respect dû aux droits des indigènes et par la nécessité morale de chercher à fondre en une unité féconde les diverses races qui peuplent l'Algérie...

L'Algérie ne pouvant être qu'une extension de la France au-delà de la Méditerranée, elle doit être assimilée successivement, progressivement, mais le plus tôt possible à la France...

Toutes nos demandes, si nombreuses qu'elles soient, peuvent se résumer en une seule : donnez-nous des institutions éprouvées, plus puissantes que l'intérêt égoïste des hommes ; donnez-nous un gouvernement et une administration qui ne soient pas distincts de ceux de la France, afin qu'ils ne puissent pas poursuivre un autre but que celui qu'elle veut atteindre.

Quant à la confiance de la France en l'avenir de sa conquête, ce n'est pas une constitution différente de celle de la métropole qui la lui donnera, car une constitution spéciale est synonyme d'exception, de différence, de non assimilation : et c'est précisément parce que l'Algérie a été jusqu'à ce jour soumise à un régime exceptionnel, contraire à tous les principes de Gouvernement, qu'elle est en défaveur et qu'on la fuit...

Le général Chanzy, 1873. — ..... Les institutions actuelles sont la base du point de départ des nouveaux efforts que nous allons faire ; mon désir est de les développer sagement dans le sens d'une assimilation successive et enfin complète avec celles de la métropole. Pour atteindre sûrement ce résultat, il faut.... *(Proclamation aux habitants).*

....., Quant à moi, désireux d'éviter à l'Algérie l'essai de tout système nouveau, je suis bien décidé à poursuivre le but patriotique qu'indique la devise que vous avez adoptée : *l'assimilation progressive de ce pays à la Métropole* (1). L'organisation qui fonctionne et qui se perfectionne chaque jour dans ses détails, se résume ainsi : initiative et étude des questions et des affaires à Alger : décision par le Gouvernement et les Chambres ; exécution en Algérie, contrôle à Paris (Conseil supérieur, 1876).

M. Tirman, 1881. — L'organisation actuelle a désormais le grand avantage de rétablir la vérité du régime parlementaire, en attribuant à chaque Ministre la responsabilité de ses actes personnels ou des actes de son délégué ; elle rend plus efficace le contrôle de toutes les branches de l'Administration ; elle associe enfin plus étroitement la sollicitude du gouvernement de la métropole à nos intérêts coloniaux. Je me hâte d'ajouter que si l'émancipation budgétaire des colonies lointaines a sa raison d'être, il n'en est pas de même pour l'Algérie, dont on doit, au contraire, poursuivre l'assimilation à la Mère Patrie.

____

(1) Les mots sont soulignés dans le procès-verbal de la séance.

Ismael Urbain. — ...., Il faut que le Coran devienne un livre purement religieux, sans action sur la législation civile. Ce progrès n'est pas impossible. D'autres peuples sont sortis de l'organisation théocratique et se sont rangés sous un Gouvernement séculier, sans abdiquer leurs croyances ..... Est-il vrai que la foi religieuse des Indigènes soit incompatible avec la civilisation ? Non ! répondrons-nous hardiment... Le Régnicole est plus près de nous que le sujet d'une nation étrangère... Qu'on cesse d'objecter que l'Indigène est réfractaire à la civilisation, surtout quand le civilisateur, c'est la France.

Commandant Villot. — .....Le but constant de nos efforts a été la soumission complète du peuple conquis, puis son amélioration progressive, qui doit le conduire plus tard à l'assimilation politique avec le peuple conquérant ..... Il ne peut plus être question du progrès des institutions des Indigènes par elles-mêmes, puisqu'elles sont destinées à disparaître ; mais la justice commande de ne marcher que lentement et en pleine lumière dans la voie des modifications ; car s'il est permis de modifier la constitution politique et sociale du peuple vaincu, ce n'est qu'à la condition de la rendre meilleure et plus heureuse ....Il est à peu près impossible que deux lois contraires coexistent dans un même pays ; et il faudra bien, tôt ou tard, rechercher les moyens de convertir les Indigènes à nos lois civiles. ..... L'assimilation par une série de transformations n'a rien de chimérique, ainsi que certains auteurs l'ont prétendu Ce qu'il y a de chimérique, c'est l'abus qui a été fait du mot assimilation dans la polémique journalière et les étranges combinaisons gouvernementales qui ont été dissimulées sous cette appellation. ... .Pris dans son essence la plus élevée, le Coran n'est pas incompatible avec la civilisation .....Que la conscience des obstacles à vaincre soit une excitation pour nos courages. Évitons ces espérances hâtives, ces rêves menteurs, suivis de défaillances pusillanimes ; et poursuivons sans précipitation et sans faiblesse, l'assimilation progressive des Indigènes à nos institutions et à nos mœurs.

Béhic. — ..... Contre cet obstacle, si on ne réussit à le tourner, viendront se briser les efforts de la civilisation. Séparer la loi civile du dogme religieux ; distinguer, suivant leur nature et leur esprit, entre les diverses dispositions du Coran ; diminuer l'autorité de celles qui ne touchent qu'aux intérêts matériels et en préparer la réforme tout en respectant les prescriptions qui sont du domaine spirituel, tel est le but à atteindre, et telle sera la mission du Comité permanent qu'il s'agit de créer.

Symptômes de Séparatisme

L'ALGÉRIE PROCHAINE

.....Pour le moment, nous sommes Français, heureux même et fiers d'une patrie quelquefois si grande, ayant telles pitoyables défaillances. Éternellement, semble-t-il, notre évolution dépendra de celle qui se poursuit de l'autre côté des mers, dans la Métropole d'où nous sommes issus ; jusqu'à la fin de l'histoire, à moins d'une invraisemblable conquête, nous marcherons derrière et à côté de cette France qui se prolongea jusqu'à nous et parut enchaîner définitivement nos destinées.

Hélas, le lendemain est quelquefois bien loin de la veille ! La vie galope à une telle allure qu'il faut se résigner aux plus décevantes surprises, au spectacle déconcertant que rien, peut-être, n'aura semblé préparer. Déjà, une Algérie nouvelle se dessine vaguement dans la masse confuse et inorganique où s'élabore notre avenir. Un jour commence à poindre, dont le soleil ne sera plus celui qui resplendit aujourd'hui. Les peuples ont leur vie propre, à laquelle contribuent les influences multiples du milieu où ils sont plongés, comme aussi les influences législatives qu'il leur faut subir. L'âme algérienne est à peine esquissée, mais elle se constitue peu à peu, et s'affirme lentement, sous la juxtaposition accidentelle des individus, d'abord étrangers, progressivement solidaires, et finalement confondus. Certains besoins, les mêmes pour tous, telles difficultés qui se dressent en face du colon quel qu'il soit, préparent cette sympathie mutuelle qui rapproche et cimente les ennemis de la veille que la même fatalité accable.

D'autre part, les souvenirs de la Métropole, encore si vifs, s'atténueront peu à peu, après quelques générations, issues du sol même et adaptées aux conditions particulières des lieux. Dans une cinquantaine d'années, il y aura des *Algériens* en Algérie, toujours Français, mais quelque peu Espagnols, Italiens ou Maltais, sinon légèrement teintés d'Arabe. Les traditions historiques et la domination administrative nous retiendront toujours cramponnés au cœur de la France — et aussi à sa bourse, — mais lentement nous lâcherons prise pour retomber enfin sur nos propres jambes, sans autre patrie que celle où nous aurons vécu, avec d'ailleurs, le souvenir de nos ancêtres immédiats.

La dislocation est fatale ; l'homme suit toujours la nature ; une mer profonde sépare les plaines algériennes de la falaise métropolitaine ; un abîme aussi profond se creuse silencieusement entre les deux âmes qui commencent à s'isoler. Le Français aura vécu chez lui ; nous vivrons chez nous, hélas ! et de plus en plus éloignés.

Heureusement, nous avons l'affection tenace ; heureusement aussi, l'Algérie n'arrive pas à se suffire matériellement. Nos yeux, tout notre cœur, et aussi nos mains, sont tendus vers la Métropole qui reste encore nécessaire à notre actuelle sentimentalité, comme à notre relative misère.

Mais si la fortune revenait, surgissant tout à coup du désert aride où nos colons peinent sans espoir ; si l'Algérie soudainement prospère, prenait sur ses propres ailes son vol dans l'espace libre du progrès, si un jour nous pouvions vivre, hélas ! nous voudrions vivre seuls. Les individus ont quelquefois de la reconnaissance ; les peuples rapidement l'ignorent. Un peuple est un organisme qui ne s'embarrasse guère d'un moralité quelconque ; il évolue et se complète sans être jamais retenu par d'autres liens que les besoins matériels ou les intérêts immédiats.

L'Algérie n'est pas la France, mais les Algériens sont encore des Français, parce qu'ils ont encore — et pour longtemps, peut-être — le cœur imprégné de cette solidarité émue, dont l'histoire très longue les pénétra. La France d'ailleurs contribue à notre existence par les subventions nécessaires à notre pitoyable misère. Demain — ou après-demain — l'Algérie sera simplement algérienne, le jour où la France aura retiré son bras qui conduit aujourd'hui notre marche hésitante, le jour aussi où notre famille aura pris racine et fait souche dans un sol qui n'est plus celui de la Métropole. Les fleurs et les fruits conservent à peine leur fragile apparence sous les climats différents où ils sont transplantés ; la métamorphose est plus lente pour les hommes ; elle n'en est pas moins fatale, surtout si la législation en facilite la rapidité.

M. Félix Dessoliers a le premier poussé le cri d'alarme, et mélancoliquement signalé l'inévitable danger. Avec les portes grandes ouvertes par la loi du 26 juin 1889, le torrent étranger fut prématurément précipité au sein même de notre race. Cette situation devrait obliger à certaines précaution ; la Métropole qui nous accable sans pitié hâtera peut-être, et malheureusement, la redoutable échéance. Puisqu'un jour l'Algérie ne doit plus être la France, qu'au moins elle ne soit pas l'ennemi de la France. » (*Akbhar*, 1895).

« Nous devons désirer que l'Algérie cesse d'être une charge et qu'elle nous indemnise au plus tôt de nos sacrifices. Nous devons également prévoir la séparaton comme une échéance fatale et nous y préparer par un régime de transition approprié aux circonstances. Le rêve des assimilateurs a fait son temps.

L'œuvre néfaste de l'administration n'est plus à dire. Nous avons les pouvoirs forts ; nous possèderons plus tard un Conseil colonial et un budget distincts, une administration et des finances à part.

Ce sera l'autonomie mitigée qui conduira à l'émancipation complète » (*Choses d'Algérie*, brochure 1897)

« Puisque les Députés algériens ont l'esprit si Césarien, que ne disent-ils avec César : les premiers dans un village plutôt que les seconds dans Rome ? Que ne réclament-ils avec nous le régime qui conviendrait à leurs hautes facultés ! Ici, on ne voit en eux que les satellites du Président de la Chambre A Alger, dans la représentation coloniale, rien ne les empêcherait, je suppose, de briguer eux-mêmes la présidence et le pouvoir exécutif... Il n'est pourtant pas indispensable d'être par profession député colonial, pour savoir que les colonies anglaises les plus florissantes se gouvernent elles-mêmes. Il y a sans doute des colonies qui ne seront jamais assez fortes pour se séparer de la Mère Patrie. En général, c'est une question d'âge et de développement.

Il ne faut pas plus compter sur l'Algérie que sur les autres colonies ; un jour ou l'autre, la séparation se fera ; tôt ou tard le moment de l'émancipation viendra fatalement.

Il n'y a donc qu'à en prendre son parti ; tout ce que l'on peut espérer, c'est de conserver avec l'Algérie de bonnes relations qui permettent à la France de faire le plus de commerce possible avec elle. — *La Justice*. LONGUET (1).

« Ici, le dirons-nous, nous avons constaté une résolution virile, qui va jusqu'à... l'autonomie coloniale, que certains traduiront par l'expression encore plus énergique « séparation ».

L'avenir seul apprendra si ces tendances isolatrices sont favorables à la prospérité du pays. Dans tous les cas, les procédés déplorables de la métropole à l'égard de sa pupille ont presque légitimé les idées les plus radicales à ce sujet Il ne faudra pas oublier cela, lorsque plus tard le moment sera venu d'établir les responsabilités de sécession. si jamais la scission morale qui se prononce de plus en plus aujourd'hui, faisait arriver les choses à ce point ». — *Le Télégramme* (octobre 1896).

---

(1) Article reproduit dans le journal autonomiste, le *Petit Colon*, sous le titre : *Un courageux conseil*

« ...Ce sont là les raisons principales de la scission de plus en plus profonde qui s'opère entre la France et l'Algérie, et, si les procédés de la Mère
Patrie continuent à être les mêmes, nous allons tout droit, et à toute vi-
tesse, vers le séparatisme Ceux qui nient le moment où le fossé qui se
creuse de plus en plus entre les deux pays deviendra infranchissable ne
veulent pas se rendre à l'évidence... » *Revue Nord-Africaine* (avril 1903).

UN PROJET DE RÉGIME ASSIMILATEUR

1° Suppression du Gouvernement général de l'Algérie. Rattachement di-
rect de tous les services de l'Algérie à leur ministère respectif ;

2° Extension du bureau actuel de l'Algérie, au Ministère de l'intérieur ;

3° Création d'un Comité consultatif permanent de l'Algérie, composé de
trois membres pris parmi les fonctionnaires ayant passé un certain nombre
d'années en Algérie ;

4° Conseil annuel des affaires de l'Algérie, avant la discussion du Budget.
Les ministres ou leurs délégués, les membres du Comité consultatif, le
chef des bureaux de l'Algérie au Ministère de l'intérieur et les trois préfets
de l'Algérie, composent ce Conseil qui, en outre de sa session annuelle,
peut se réunir chaque fois que les circonstances l'exigent ;

5° Création au Conseil d'Etat d'une section de l'Algérie. Un des trois
membres du Comité consultatif préside cette section. Ce Conseiller d'Etat
peut être entendu par les Chambres, au titre de commissaire du gouvernement ;

6° Mission temporaire donnée à ce Conseiller d'Etat pour aller relever sur
place la situation vraie de l'Algérie, préparer le programme de l'avenir et
aplanir toutes les difficultés qui tendraient à enrayer la mise en pratique du
Droit commun.

ERRATUM :

Page 44, ligne 23, au lieu de *2000 lieues*, lire : *2000 kilomètres*.

Contraste insuffisant

NF Z 43-120-14

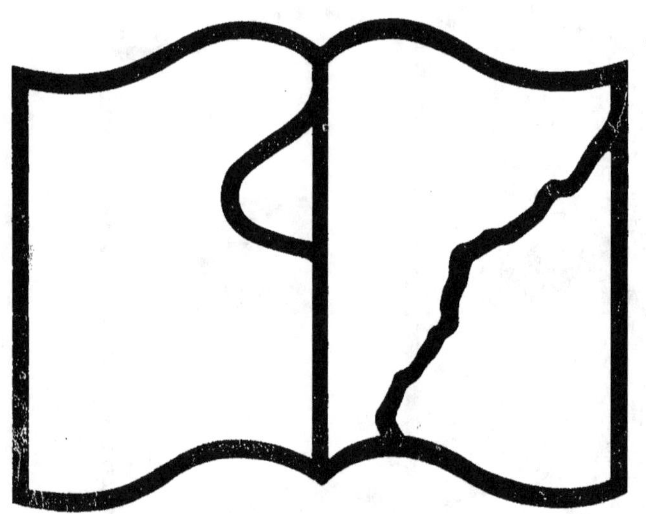

Texte détérioré — reliure défectueuse

NF Z 43-120-11